Sandy Su ○ 蘇盈如

CHANGING！

Creating your
own transformation map

轉型
地圖

在變動時代創造新選擇

前言 Preface

Hi！我是國際獵頭 Sandy。我從事獵才（Head-hunting）和招募（Recruitment）工作超過十五年，經手過多種產業職缺，扮演著雇主和求職者間的溝通橋梁，持續累積的海外經驗步入第二十六個年頭。

2019 年年底，我出版了第一本書《2030 轉職地圖》。書中分享了不被 AI 取代的軟性技能與多則轉職案例。隨後立即遇上新冠（COVID-19）疫情，打破了原有的工作規則與生活秩序，散落成一片片的拼圖。在混亂之中，大家都在嘗試摸索，努力拼出屬於自己的新地圖。

在混亂中堅持自己的目標

當原有日常出現重大變動，大家的內心都很焦慮，

我身邊也開始冒出許多聲音。一些不熟悉獵頭工作的長輩聽到我一天到晚跑活動，又沒有一個「像樣」的頭銜，到了一定年紀也沒結婚，常用「幹麼每天拋頭露面，不務正業」、「人生就是要追求穩定」來勸我轉換跑道，過上安逸的生活。

這種時候，堅持與專注非常重要。身為獵頭，我的核心價值就是在最短時間找到對的人才，所以我需要出席活動，也要大量閱讀。

疫情期間，企業重新擬定人才策略。許多海外公司為了讓數位轉型執行得更徹底，有別於以往聘請行銷出身的人才，改為任用具科技背景的 CIO（資訊長）來擔任 CEO 的職務。為了比他人更快掌握產業動向，我和「小金魚人生實驗島」創辦人小金魚共同發起《華爾街日報》讀書會，齊聚跨產業的夥伴們一起閱讀商業讀物，交流業界知識與人才動向。

2021 年，NFT 在國際市場掀起熱潮，師園鹹酥雞立刻跟上潮流推出全球第一家 NFT 炸雞店。對新事物充滿好奇心的我，在讀書會的加密貨幣產業夥伴的建議下，推出自己的 NFT 作品《挖角預辦登機服務》。這個嘗試性的實驗讓我了解 NFT 設計流程和區塊鏈知識，以及對

獵才市場的影響。透過不斷學習、持續試驗，我建立起成長型思維，也適應了變動的步調。

一個偶然的重逢——
我與前總經理的對話

2022年疫情解封後，我去了一趟英國，在鄉村市集看見熟悉的身影——一位擺地攤賣衣服的大叔正熱心地招呼客人，介紹印度進口服飾。正當他彎腰著幫客人尋找尺寸和花色時，眼神突然對到我，叫了一聲「Sandy Su」。咦？這不是我第一份打工時，那個兇巴巴逼業績的總經理嗎？怎麼變成一位親切的中年大叔了！

我們小聊了一下，我好奇問他：「老闆，有人問過你為什麼總經理不做，跑去擺攤嗎？」總經理的回答讓我印象深刻：

「妳是說誰？」（Sandy, who are these other people?）

「妳為什麼覺得有人在意？」（Why do you think they care?）

「妳為什麼要在乎別人的眼光？」（Why do you need to

care about what other people think?）

　　短短幾句話，我反思起自己的心態：我是否常被問到類似的問題？我的潛意識中是否也很在意別人的看法？總經理的提醒，讓我更加聚焦自己的目標，為自己安排更多獨處時間，也進行社群斷捨離。

▲ 前總經理的印度服飾攤位

工作觀的改變——
金錢不再是第一

　　還有一次，我參加朋友的國際校友會家庭日，旁邊正好坐著一位22歲的年輕人。我們寒暄了一番，我好奇問道：「你現在在做什麼工作呢？」他瀟灑地說一週只工作一天，因為他的生活重心是「自己」。

　　「早上九點到中午十二點跟上帝相處，下午一點到六點跟家人相處，晚上是我的獨處時間，所以平日沒在跟不相關的人 social。週六一整天我就當英文家教，賺取生活費。」他解釋自己的物質慾望極低，加上住家裡，沒有額外開銷，仔細盤算後，一週工作一天就足以達到他想要的生活品質。

　　我將這件事分享給咖啡弄老闆，他感同身受地說，現在的工作者很有自己的想法，不想被時間綁住，選擇一天工作三、四個小時，其他時間則用來經營工作以外的事情。現代人工作觀的改變也讓餐飲業愈來愈難請到全職人手。

　　這些事讓我重新思考工作與生活平衡的重要，也是我寫這本書的動機之一。

傳統職涯依舊存在

　　儘管疫情讓就業市場產生多樣化的選擇，但是並沒有取代原本的工作模式。

　　前陣子，我和《2030轉職地圖》的主角們喝咖啡敘舊，他們依然在傳統職涯上奮鬥著。瑞典的艾琳獲得加薪與升遷，外派至德國管理多國業務。不僅如此，公司還提供完整的遷移包套（relocation package）費用，讓她一家四口一起搬到德國展開新生活。日本的秀岡則在疫情期間換了兩間公司，目前在第三間跨國電子公司任職，薪水總共成長了40％。

　　兩人都選擇傳統的職涯道路，在公司體制內發展。艾琳想成為集團總經理，秀岡想成為招募總監。他們鎖定公司組織圖中的最高位置，積極運用社內資源提升自我價值，得到相應的頭銜、穩定且高薪的工作，朝著自己的目標前進。

轉型＝世界趨勢×理想人生×新技能

　　如果你發現傳統的職涯路徑不適合你，想嘗試新的

工作型態，那麼這本《CHANGING！轉型地圖》就是
為你而寫。

　　這本書結合了世界**趨勢**、真實案例，以及行動計
畫，帶你看見哪些新領域的人才受到市場重視，提供你
描繪嶄新地圖的線索。簡單來說，搭配外在環境的**趨勢**
走向，探索內心真正想要的工作與生活，並在現有技能
上增添新技能，同時進行內外的**轉變**，就是我在這本書
定義的「**轉型**」。

　　例如原本在企業擔任商業開發的小金魚是「創作者
市場 × 體制外生活 × 數位行銷＝線上教育創業」（第三
章）；擁有水電技術的建智是「英國缺工 × 突破低薪 × 英
語能力＝NHS（英國國民健保署）體系電氣經理」（第五
章）；我的另一位朋友 Angela（化名）則是「中國製造業
缺工 × 研究供應鏈生態 × 從代工廠（乙方）轉為發包商
（甲方）＝大型科技企業中國分公司高階主管」（第二章）。

在變動時代，做自己的生涯總監

　　現在，請你閉上雙眼，試著想像自己的未來，會是
什麼樣的畫面呢？是勇敢跨出舒適區，追求理想人生？

還是對未來感到迷惘，躊躇不前呢？

▶ 工作沒有發展性，想要改變但是沒有頭緒。

▶ 身心俱疲，需要休息，但是害怕履歷出現空白。

▶ 目前工作沒什麼不好，但是不想過上一眼望到底
的人生。

如果這是你的內心聲音，這本書會給你靈感，從踏
出改變到找出轉型方向，並且付諸行動，成為主導職涯
的主人。

Sandy Su（蘇盈如）

目次

Chapter. 2

搶才國家工作機會
→ Go Overseas

Chapter. 3

從「自己」出發的生涯規畫

→ Your Inner Voice

Chapter. 4

深度聚焦的行動計畫
→ Call to Action

Chapter.1
Trending

趨勢在哪，工作就在哪

搶才時代來臨 Talent Wars

> 我們來到一個前所未有的時代——人才掌握選擇權。
> 全球產業共同面臨缺工困境，就業市場也從過去的面
> 試官主導變成求職者主導。如果你對工作感到迷惘，
> 甚至職涯出現危機，先從趨勢著手，掌握轉型的天時
> 地利人和，從中創造機會。

持續增長的工作 vs.
逐漸沒落的工作

　　前陣子，一位求職者和我分享找工作的情況。他投
遞履歷給某家大型電信公司的 ESG 職缺，結果不到五
分鐘，立刻收到人資回覆，邀請他參加面試。面試過程
中，面試官也對他展現高度興趣，頻頻問道：「你最快

什麼時候可以上班？」對方的積極讓他明顯感受到 ESG 工作十分缺人。

另一位求職者則提到，他的獵頭朋友某天傳來一則私訊：「欸～我們公司現在很缺人，你要不要加入？我可以直接幫你把履歷拿給老闆，會快很多哦！」朋友的積極態度讓他一度懷疑可能是「屎缺」需要補人，後來才了解現在獵才公司急需擴大團隊，所以實行內推制度，內推成功的話還會提供獎金。

以職缺來說，AI 和 ESG 是近年來持續成長的領域。AI 技術的發展讓我們的生活變得更加便利，數據工程師（Data Engineer）和自然語言處理工程師（NLP Engineer）都是人才市場需求排名前十的職位。至於 ESG 則是因應政府法規、國際供應鏈要求，大型企業急需 ESG 人才加入團隊。

相對的，科技的進步與消費者習慣的改變也使得傳統製造、餐飲服務等產業陷入危機。

本章鎖定 AI、ESG、DEI、女力、國際全遠距、居家服務六大趨勢，而且這些趨勢至少會持續五年以上。掌握各產業的發展，從趨勢走向定位職涯方向，才能在變動的環境找到最有利的位置。

熱門產業	原因與背景
科技	科技產品需求大增。
運輸物流	電商崛起打破購物國界，物流需求增加。
金融科技	行動支付普及。
環境衛生及汙染防治	響應聯合國的 ESG 目標。

▲ 臺灣的熱門產業

危機產業	原因與背景
營造工程	－ 工作環境變動大，風險較高。 － 人才老化。
紡織（傳統製造）	－ 工廠大量外移。 － 人才老化導致技術失傳。 － 原物料上漲。
餐飲服務	工時長。
教育	少子化。

▲ 臺灣的危機產業

AI 變革 Artificial Intelligence

還記得 2020 年，疫情讓全球首次面臨封城，各國經濟活動幾乎停擺。正計畫轉型的企業加速發展科技，以實體運作為主的企業也被迫搭上轉型的列車，推動了消費者行為的改變。

想必在生活中大家最有感的就是外送平台吧！但是你應該很難想像 2012 年 Foodpanda 剛進入臺灣市場的時候，其實像傳統小吃店一樣，由員工手寫一張一張的訂單，再用磁鐵貼在白板上統計與派單。反觀現在的 Foodpanda 擁有結合 GPS 和 AI 的系統，能快速向消費者推播精準的廣告，將訂單壯大。

某次我要到高雄出差，挑選住宿時剛好看到漢來大飯店推出旗下新品牌漢來逸居的促銷方案。漢來逸居和漢來大飯店坐落在同個建築物內，差別在於漢來逸居採

用自助式入住，住房流程完全透過 AI 機器人 Hi-Ro 的引導來完成，不但保有客戶個人隱私，價格還將近是漢來大飯店的一半。

　　這個充滿創新的方案，對消費者來說方便又實惠，但同時也是一個警訊，如果 AI 完全取代人力，櫃檯人員的存在價值與未來又該何去何從呢？

英國銀行的觀察與故事

　　2023 年我回了一趟英國，某天打算去銀行辦事，卻發現我住的小鎮裡只剩一家巴克萊銀行（Barclays），而且位在圖書館裡，週一和週五才營業。我去到圖書館，穿過狹窄的小門，裡頭只有兩位行員、一張桌子、一臺筆電，根本是面試小房間啊！

　　或許身在臺灣的我們感受沒那麼深，英國歷經了長期的封城，消費者行為已經全面改為線上化，銀行也大幅減少實體分行的數量。僅次於滙豐集團的英國第二大銀行巴克萊也關閉了多家分行，並於 2022 年推出替代方案「巴克萊社區」（Barclays Local）保留實體服務。巴克萊銀行與地方政府、當地社區合作，在市政廳或圖書

館設立小型據點，協助客人處理簡單的日常業務，例如線上轉帳、更改資料、理財建議等，但並非每日營業。

▲ 圖書館裡的巴克萊銀行

　　我好奇地向其中一位行員 Barbara（化名）搭話，請她聊聊如何看待這一切的變化。Barbara 說自己以前是個習慣固定工作模式的人，疫情之前，每天在小鎮的實體銀行泡杯熱茶，和固定熟客聊天，是她三十多年來

的工作內容。然而疫情讓一切變得很突然，現在的她必須配合公司班表，隨時異動工作地點，讓我十分驚訝。她笑著說：「**習慣改變也是工作的一環。**」

　　英國在封城期間，實體店面被迫關門。巴克萊銀行的所有員工全部轉為客服專員，以輪班形式集中在電話服務中心（call center），依照 SOP 接聽電話，回應客訴。這些突如其來的安排對長期待在固定工作環境的人而言非常難以適應，Barbara 提到許多出納員同事並不想和客戶互動，只想做基本的收銀工作，所以紛紛離職，提早退休。

願意改變的人才有飯吃

　　我繼續問道：「有些老人家不擅長網路操作，這裡一週又只營業兩天，那他們該怎麼辦呢？」Barbara 告訴我可以在官網輸入郵遞區號，預約「巴克萊行動銀行」（Barclays Van）。這是 2023 年才開始提供的新服務，採用移動餐車的形式為特定人士或偏遠地區的客人提供實體服務，也是巴克萊社區的策略之一。此外，巴克萊行動銀行共有十六輛車，其中六輛是符合 ESG 理念的電

動車。

　　Barbara 說自己在這份工作中最享受的是可以不斷接觸新客戶。隨著公司積極導入 AI 系統，為她解決了基本應答與日常業務，而她要做的是 AI 所無法處理的人性化溝通，不只是協助客戶存錢、轉帳、修改資料，更多的是「陪伴」。她必須花更多時間磨練同理心與積極傾聽的能力，提供更有溫度的服務。也因為這樣，她與我聊了一個多小時，我才寫下這段故事。

　　每次的科技與創新都會淘汰不願接受改變的工作者，終身學習已經成為必需品。如果想與 AI 共存，勢必得鍛鍊出在不同部門、不同角色間轉換的本事。不只 AI，每個環節的優化都要與環境變化同步，接受不確定性，願意嘗試新挑戰，並從失敗中學習，再透過具體行動蛻變與翻身。

ESG 浪潮

Environmental, Social, and Governance

　　ESG 取自 **E**nvironmental（環境保護）、**S**ocial（社會責任）、**G**overnance（公司治理）的縮寫，主要關注以下議題：

Environmental （環境保護）	－ 降低二氧化碳排放量。 － 維護自然資源、動物權益。 － 廢棄物處理。
Social （社會責任）	－ 維護員工健康與安全。 － 促進職場多元、性別平等（DEI）。 － 回饋地方社會。
Governance （公司治理）	－ 股東結構透明公正。 － 遵守法令，防止貪腐。 － 重視資安。

▲ ESG 是什麼？

過去企業以獲利為目標導向，2004 年聯合國首次將 ESG 視為企業經營指標。經過這些年的推動，ESG 成為全球現象，不但高達四分之三的投資人將之視為影響投資決策的關鍵要素[1]，消費者在選購產品時也開始帶入環保和人權意識。

　　美國戶外運動品牌 Patagonia 就在官網以「地球現在是我們唯一股東」（Earth Is Now Our Only Shareholder）的口號，公開自家商品採用有機棉花、安全染色布料，也確保農民與工人都得到公平對待[2]。但也有專家和 NGO 質疑 ESG 是「漂綠」（greenwashing）行為，不過是用假議題創造出利益共犯結構，許多品牌陸續被揭露出醜聞。

　　ESG 確實存在許多爭論。但先不論議題的真偽，究竟是漂綠或真綠，企業執行 ESG 的過程需要大量人才完成數據分析、擬定與執行新策略，創造出許多新興工作機會，身為工作者的我們有必要了解趨勢。

1　（2023）《2023 全球投資人調查》（*Global Investor Survey 2023*）資誠（PwC）。
2　「我們的環保與社會足跡」（Environmental & Social Footprint）Patagonia。

E＋S／服飾業──
借助大公司的力量創造社會影響力

　　本科是心理系與外語系的小野（化名）目前在知名外資服飾零售公司擔任亞太區 ESG 部經理，這份工作著重的是 E（環境）與 S（社會）。她說接任這個職位是因為過去累積了相關經驗。

　　回顧 2011 年，當時全球企業開始重視 CSR（Corporate Social Responsibility；企業社會責任）。小野畢業後的第一份工作是在知名智慧型手機供應鏈商的 CSR 部門，負責監督手機零件來源與製造過程符合法規，工廠員工也受到公平對待，維護環境面與人權面。後來她從科技業進到顧問業，進一步運用 CSR 的專業協助企業主重塑品牌。

　　隨著全球環保意識高漲，各行各業急於導入 ESG 策略，回應市場需求。以服飾、鞋類來說，相信很多人對這些產業的第一印象不太會是「環保」，可以想像這些產品在短時間內大量製造，肯定會對環境造成不小的負擔。因此，業界正致力於研究循環經濟，打造全新的品牌形象，小野所屬的服飾零售公司也不例外。她在 CSR

領域的供應鏈管理與品牌重塑經驗受到重視，獲得了現在這個職位。

　　她的工作除了研究衣物的回收再生，達到循環經濟外，更將創意思考運用於消費者生活，成為首位將二手衣改為寵物衣的先驅。此外，她也在服飾銷售現場推動綠色轉型，例如導入省電照明和節能空調，達到節能減廢的效果。

　　目前政府正積極致力於達成「臺灣2050淨零排放」，小野也需要兼任公關，與政府單位或NGO團體討論環保議題、共享社會資源，大量磨練溝通力與協調力。由於沒有先例，大家都是一步一步地摸索、嘗試、優化。儘管很多人認為ESG是假議題，**但是議題創造出工作機會。**

　　「不能因為很難達成就什麼都不做。」小野的這句話值得我們省思。

> ▶ LinkedIn 綠色技能 2022：linkedin.github.io/global-green-report-2022

E／檢測業───
專注於 E 領域的深度自我成長

　　在小野的例子可以看到，ESG 這個名詞出現之前，其工作內容其實與 CSR 的業務範圍高度重疊，ESG 工作者大多從事過 CSR、職安衛或人資工作。兩者的主要差別在於，ESG 所要提交的「永續報告書」必須經由第三方單位的審核。

　　環境與安全衛生工程所出身的 Ken（化名）在 ESG 興起前，前後任職於工程公司和顧問公司，擔任 ISO 國際認證評審員，為企業端提供稽核服務。

　　疫情期間 ESG 開始爆紅，大型企業由於有政府法令的規定、供應鏈要求的壓力，必須導入 ESG 策略。金管會不斷提高對企業的標準，自 2025 年起，資本額不到 20 億元的上市櫃公司也必須提交永續報告書[3]。某國際知名鞋廠則對所有供應鏈商開出合作條件：僅與內部設有 ESG 部門的廠商維持業務往來。為了跟進國際規範，ESG 人才需求量大增。

　　Ken 的專長與 ESG 的基礎能力 E 緊密相關，包含 ISO 9000（品質）、ISO 14000（環境）、ISO 45001（安

全衛生）、ISO 50000（能源）等，如今這些都成為企業必須達成的目標，讓他的技能和價值更被看見，獲得大型第三方驗證公司的挖角，擔任 ESG 查證員，業務範圍從企業端轉到驗證端。

一般來說，企業端一年只做一次查驗，但驗證端一年要看上百個案件，對磨練工作技能很加分。Ken 在驗證公司開始參與 ESG 項目。其中一項是碳計算，雖然屬於新領域，過去累積的扎實環境管理背景讓他快速掌握該領域知識，了解 ISO 14064（碳盤查）認證，在自己的專業有了更廣泛的學習。

當然，ESG 工作要求的不單單是品質環安衛知識，更要研讀大量資料、撰寫報告，要具備如此跨領域的整合力並非易事。Ken 建議先從參加研討會、閱讀書籍來了解 ESG，再根據目標職缺考取證照，作為踏入這個新領域的起點。目前 ESG 人才市場還處於競爭初期，適合及早卡位，五到十年後有望成為佼佼者，獲得更多發展機會。

---

3 （2023）「上市櫃公司永續發展行動方案（2023年）」金管會。

領域	證照	年分
E	丙級自來水管理人員	1997
	甲級廢水處理專責人員	2007
	ISO 50001能源管理系統主任稽核員	2015
	ISO 14064碳盤查主任稽核員	2017
S	甲級職業安全管理師	2009
	甲級職業衛生管理師	2011
	高考工礦衛生技師	2014
	ISO 14001環境管理系統主任稽核員	2015
	ISO 45001職安衛管理系統主任稽核員	2015
	高考工業安全技師	2016
	ISO 21001教育管理系統主任稽核員	2022
	ISO 29993非正式學習管理系統主任稽核員	2022
G	ISO 9001品質管理系統主任稽核員	2018
ESG	企業永續管理師（成大）	2023

其他	品質管理人員	2011
	施工安全評估人員	2013
	執業職業衛生技師	2016
	ISO 30401知識能源管理系統主任稽核員	2022

▲ Ken 具備的證照

 CASE 03 工廠環安衛工程師 → 工地職安工程師
—— 不追隨主流的另一種選擇

2023年，屏東明揚工廠發生大火，造成嚴重傷亡。該公司儘管因應政府要求提出永續報告書，但是看來並沒有因此更加謹慎。

Norman（化名）曾在製造業工廠擔任環安衛工程師，負責機臺督導、工務維修、勞工安全維護等工作。儘管環安衛工程師對企業的發展和員工的健康非常重要，但是在臺灣，即使是三、四百人的大型公司，老闆往往認為這個職務沒有產能而指派兼任總務、人事等工作，Norman 也不例外。

某天，工廠的固定休息時間結束後，一名員工蹲在牆角，臉色發白，組長立即叫救護車將他送往醫院。原來這名員工因為家庭問題一時情緒不穩，隨手拿起現場的洗潔劑飲用，在急診室洗胃後救回一命。另一次是一位員工跑到樓頂想要自殺，Norman立刻請駐廠護理師趕到現場陪他說話，安撫情緒。

　　這兩名員工的平時表現沒有異常，所以Norman和駐廠醫護人員沒有將他們列在高關懷名單內。這兩起事件讓他感到挫折，只能怪自己不擅長察覺每個人的心理狀況，也計畫著轉職。

　　其中一個轉職方向是投入ESG領域。ESG的興起為許多工作者開啟新方向，特別是工地現場人員，例如E領域直接對應到職安工程師的工作內容，而工地主任和中高階管理職參與過碳排量計算等任務，對ESG理論也有所了解，很多人選擇考取證照，轉職成為ESG顧問或ESG分析師，脫離3K[4]的工作環境。

　　但是，Norman並沒有朝這個方向發展。除了ESG工作必須肩負改善數據品質的重責外，臺北市以外地區的平均月薪最多落在5萬元上下。待遇是現實的，他選擇進到營造業工地擔任職安工程師。雖然工地現場有一

定危險性，但是可以專心在工程安全的監督，月薪更從原本的4萬塊增長到7萬多。他打算多加磨練，今後從事技工，進一步突破薪資天花板。

E／綠色金融業創業—— 從國際視野出發

再介紹一個特別的案例：聯合國亞太總部數據工程師的黃一展（Jack）。

Jack 從學生時期就立志進入國際組織工作。他大學念的是新聞系，在倫敦大學亞非學院取得經濟碩士學位後於世界貿易組織（WTO）實習。憑藉著自己的努力和一點機緣，進到聯合國亞太總部，開啟一連串特別的經歷。他曾派駐非洲和中東近三十多個國家，走過戰亂的烽火邊緣，也從中看見許多商機。

對永續議題一直很感興趣的他，觀察到綠色金融和氣候科技是商機，和幾個志同道合的朋友在香港成立了

4　3K 一詞源自於日本，指的是骯髒（Kitanai）、辛苦（Kitsui）、危險（Kiken）的工作環境。

ESG 顧問公司，以氣候融資（Climate Finance）為主要業務。氣候融資是一個新興領域，意指透過各種管道籌措資金，用來減少碳排量，減緩氣候危機。

Jack 公司的客戶來自世界各地的太陽能發電廠、電動車充電樁廠、電力公司等。他的主要工作是協助客戶尋找投資人，補足上億的資金缺口。為了說服投資人，他必須提交投資評估報告，並且進行簡報。這份報告包含 ESG 中的碳權交易、碳足跡、供應鏈分析等專業項目，還有財務報表、股票價格等海量內容。

要在多項領域有所成就，就得花費大量時間和精力。Jack 傾向在不同領域達到一定水平，再結合這些範疇的知識和經驗，從交會處找出獨特商機，貢獻社會又能溫飽自己。

S／顧問業——
藝術系出身者的破圈

大學和研究所主修藝術的宇容（化名）一直專注在 ESG 中的 S（社會）。他從學生時期就對文化內容產業和人文社會議題很感興趣，大學畢業後赴英國進修，在海

外看見藝術的百年傳承。《歌劇魅影》一唱就是三十多年，相較之下，臺灣不但許多地方文化失傳，藝術工作者也過著有一餐沒一餐的生活。這些見聞和體悟讓他立志從事藝文推廣的工作。

回到臺灣後，他陸續在幾家文化單位任職，負責規畫巡迴表演、戶外自製戲、地方民俗紀錄片，也參與過大型藝企合作專案。所謂藝企合作是指結合藝文團體的專業與企業的資源，共創社會價值，例如將某地區的老屋翻修成為藝文區，推廣地方文化的同時也增加當地工作機會。

要推動這些專案，必須進行大量的陌生開發，也要負責文創貸款。宇容以中介者的角色在上百家文化內容業者、企業、銀行，以及地方政府間不斷進行溝通與協商。這些過程也讓他接觸到永續報告書、地方自願檢視報告（VLR），進而涉獵 ESG 領域。

鍛鍊出強大溝通力與協調力的他，進到國際大型顧問公司擔任 ESG 顧問，負責串接文化內容業者與上市品牌高層，促成 ESG 合作案。對藝文的高度熱忱加上 ESG 的熱潮讓他進一步實現自己的理想，為臺灣文化使力，盡一份社會責任。

DEI 意識
Diversity, Equity and Inclusion

　　前面提到 ESG，更深入 S 和 G 範疇的則是 DEI（多元共融）。DEI 全名為 Diversity, Equity and Inclusion（多元、平等、共融），意指關注人才的多樣性、給予公平待遇、尊重多元觀點。

　　DEI 其實是人類不斷追求的理念，數十年前進到企業內部，這幾年特別反映在組織管理和企業文化上。大型跨國企業紛紛在人資部底下設立 DEI 部門，開出 DEI 職缺，例如萊雅集團（L'Oréal）、江森自控（Johnson Controls）、美國國際產險（AIG）都有 DEI 領導（DEI Leadership）、DEI 負責人（DEI Country Lead）等職位，也有公司將 DEI 工作交由人資部兼任。

　　資深人資工作者 Prevers 表示，人資部為了提高員工的 DEI 意識，會舉辦性別平權活動，例如宣導國際男

人節和國際女孩（童）日、採買性別平權議題新書並舉辦導讀會，或用 Kahoot! 測驗大家對 DEI 的理解。更具體的政策還有鼓勵員工參加同志遊行，並且提供有薪假；有照顧小小孩需求的員工則安排彈性辦公，甚至提供育嬰照顧設施等。

多元共融的真相——聽聽 HR 怎麼說？

世界經濟論壇（World Economic Forum, WEF）的《2023年未來就業報告》（*The Future of Jobs Report 2023*）[5] 指出，未來五年大多數公司會優先考慮錄取女性（79％）、25 歲以下年輕人（68％）、障礙者（51％），但是工作者真的感受到選擇變多了嗎？

Prevers 提到，依照《性別平等工作法》，徵才資訊上不能出現限定性別的描述，但是注重 DEI 的公司會檢視員工的性別比例，確保管理層和各部門的兩性平衡。此外，過去存在男女員工的年度薪酬或職位晉升不平等狀況，例如男性加薪5％、女性加薪3％，但現在大多數

5　世界經濟論壇自2016年以來每兩年發布一次，此為第四版。

企業已經沒有這個問題。

　　大型家電公司人資經理 Mika（化名）表示，她的部門設有專門調整內部員工性別比例的 DEI 小組。家電業普遍以男性工作者居多，隨著女性消費市場逐漸崛起，增加女性員工數量有助於獲得更多女性觀點，讓團隊不會過於一言堂或僅有一種風格。

　　當人人開始關注 DEI 議題，就可能讓原本被忽略的族群獲得更多工作機會，就像求職網站上會有專為障礙人士、二度就業婦女開設的職缺。但企業始終是以盈利為目的的法人，招募策略仍以自身利益和整體布局為主要考量。

---

4 個提問觀察公司是否落實 DEI

▶ 貴公司有「員工資源團體」（Employee Resource Groups, ERGs）嗎？

▶ 貴公司正在執行哪些 DEI 政策？

▶ 貴公司近期舉辦哪些提倡 DEI 的活動？

▶ DEI 是招募的 KPI 之一嗎？

LGBTQ＋工作者的困境

　　臺灣的求職網站上，常看到一些職缺內容寫著「支持多元成家與 LGBTQ＋文化」、「歡迎 LGBTQ＋」。《2023年未來就業報告》也指出未來五年，部分公司會優先考慮錄取 LGBTQ＋求職者，而且以韓國、馬來西亞、臺灣最為明顯，那麼實際情況又是如何呢？我與幾位個案深聊，先說結論，臺灣公司對 LGBTQ＋工作者的支持僅止於表面，口頭上歡迎，實際情況並不如資方所聲稱的那麼友善。

　　一位不願具名的個案表示，臺灣企業對 LGBTQ＋工作者的接受度很低。他接觸過許多在官網或對外宣傳上倡議 DEI 的公司，面試官也表示企業文化非常多元共融，但進去後卻遭遇到許多困難。

　　他印象最深刻的是一間常在內部舉辦各種 DEI 活動的公司。一開始，他非常積極參與這些活動，希望為像他一樣的職場隱形人發聲。然而每次大家集思廣益討論活動內容時，他的提案總是被糊弄過去。還有幾次，公司請他翻譯介紹海外 LGBTQ＋案例，但是與他有關的案例，公司全都刻意避開，讓他很挫折，明顯感受到自

己被間接否定。這些經驗發生過無數次，每次都讓他感到被當成空氣。

真實情況是，**企業倡導 DEI，但是員工不買單**，還讓他遭遇無形的羞辱。現在的他選擇在角落默默工作，徹底當個隱形人，從此不再打開心房。

 UX/UI 設計師──
在新加坡重新找回自己

另一位個案是 UX/UI 設計師 Raymond（化名）。在臺灣的公司，大部分 UX/UI 設計師是承接設定好的基本結構，再從這個基礎上修改，而不是從零開始創造。但 Raymond 是從零到有的人才。客戶看到他的作品都會很驚訝：「這真的是你自己做的嗎？還是有人幫忙？」但是這樣的人才卻無法在臺灣職場找到自己的價值。

Raymond 原本在美國工作，為了照顧年邁的祖父母回到臺灣，在一間科技公司任職。這家公司表面上宣稱性別平等，實際上他連最基本的生存需求都被剝奪。他上的是女廁，但女同事認為他不男不女，公司發公告要求他不得使用公司內部的廁所，必須到附近的便利商

店借廁所。

　　某次公司召開集體會議，需要男女投票表決，他代表女性舉手投票，卻被認為是男性票，最後視為廢票丟棄。儘管他的工作表現非常出色，但是大家不清楚他到底該定位為男性或女性。公司宣稱重視所有人的權益，但是他沒有任何實感。偽裝的善意與真實情況間落差之大，造成難以抹去的傷痛。

　　幾年下來，他對臺灣的工作環境感到身心俱疲。即使轉職過程中遇過態度友善的企業，但過去經驗導致他無法再相信任何一間臺灣公司。他甚至經常反問自己：「**為什麼我會變成這個樣子？**」他不是自願如此，而是命運使然。

　　某次，他向身邊一位也遭遇類似狀況的朋友訴苦，對方建議他去新加坡發展，因為新加坡的社會文化和工作環境比臺灣多元許多。目前的他在新加坡的科技公司任職。臺灣的工作環境無法讓他得到應有的尊重，但是在新加坡，他確實感受到「真正」的友善，工作起來很開心，也很有成就感。

　　日本資深獵頭勝久（化名）表示，日本和臺灣的狀況其實差不多，社會文化偏保守。他的前東家是一間新

創公司，有兩位 LGBTQ＋同事是一對情侶，他們非常
低調，在辦公室也隱瞞自己的身分。

　　日本的外商則對 LGBTQ＋工作者較為開放，因為
總公司會施加壓力，要求在 LGBTQ＋招募平台刊登廣
告，錄取一定比例的工作者。勝久也建議在面試中運用
前述的提問，主動旁敲側聽。

> ▶ 日本 LGBTQ＋求職網站：jobrainbow.jp

女力崛起 Women Empowered

　　2015年，聯合國設定十七個永續發展目標——SDGs（Sustainable Development Goals），其中有九項與女性緊密相關[6]。隨著SDGs的影響，企業祭出女性友善的政策。資生堂在二十多年前就設立育幼園，提供員工托育服務，2017年成立托育事業KODOMOLOGY，協助各企業為自家員工營運育幼園，並且取得ISO 9000認證。

　　國際企業也看到愈來愈多女性領導人，例如顧問公司埃森哲（Accenture）的茱莉・斯威特（Julie Sweet）、

6　包含終結貧窮（No Poverty）、健康與福祉（Good Health and Well-being）、優質教育（Quality Education）、性別平權（Gender Equality）、就業與經濟成長（Decent Work and Economic Growth）、消弭不平等（Reduced Inequalities）。

美國通用汽車（General Motors）的瑪麗・巴拉（Mary Barra）、巧克力公司好時（Hershey's）的巴克（Michele Buck）都是知名女性 CEO。雖然每個人的感受不同，但就我自己的觀察，男性的領導風格多為公事公辦，較少介入員工的私人狀況。女性領導者更擅長積極傾聽、抱持好奇心，是男性相對缺乏的特質。女主管的關心有時很有媽媽的溫暖，讓人想進一步訴說。

這幾年在臺灣有愈來愈多專為女性設計的工作坊。我也曾受國際女性 NGO 的世界和平婦女會（Women's Federation for World Peace International, WFWPI）臺灣總會邀請，舉辦女性賦權工作坊，向年輕女性分享如何培養商業思維。

女性理科人才的優勢

以往工程師多由男性組成，男性的溝通方式通常比較直接，少有緩衝語句，現場氣氛往往很火爆。因此，女工程師的加入能為部門帶來許多效益，例如態度較為軟化、思考產品方向時較有想像力等。

專門招募理科人才的資深獵頭 Naomi（化名）提到，

現在許多公司會規畫部門裡至少要有三分之一的女性成員，除了必須具備基本的專業知識，更重要的是軟性技能。專業技術通常由資方負責考核，獵才方則將重點放在溝通力、團隊合作、衝突管理。以下是面試中的常見問題：

1. 妳在過去的職位中扮演什麼角色？會主動向主管或同事提出自己的想法嗎？
2. 當妳的部門發生衝突時，妳會如何處理？為什麼這麼做？
3. 請各舉一個過去妳遇過最難溝通和最有成就感的案例。

　　如果人選能提出具體案例與解決方案，表達自己會跳出來進行協調，獵才方便會認定這個人具備資方需要的特質與能力。相反的，如果人選的回答偏向按指示行事，就可能不是資方考慮的人才。

　　某次，Naomi 受資方委託尋找一位具有 AR 技術背景的女性人選。資方說明，這個團隊的每個成員都十分優秀，而且引以為傲，彼此經常起爭執，因此需要一位

新成員進行溝通，化解衝突。同時也提到，即使考試答案不完全正確，只要邏輯合理，他們還是願意與對方進一步面試。

　　Naomi 找到一位技術不強但擔任專案經理多年的女性人選。她曾面臨主管對專業技術不熟悉，工程師們又對解決方案各持己見，導致專案卡關的情況。她透過積極傾聽來了解每個人的想法，幫助團隊找到共識，最後順利推進專案。後來，這位人選在面試時的表現獲得資方讚賞，也成功錄取這份工作。

　　以前大家都專注於解決問題，認為只要把事情做好就行。然而，隨著科技進步，問題愈來愈複雜，每個人都有自己的想法，導致許多事情陷入僵局。當每個環節都卡住，起到串連作用的人變得格外重要。不只理科領域，需要內部協調力的職缺量實際上非常大，國內外都是如此。

　　傳產獵頭曉樂（化名）認為比起二十年前，女性工作者比例確實有所增加，特別是大型企業。一般來說，化工業廠長都是年長男性擔任，但高雄某知名化工集團聘請一位不到40歲、擁有化工博士學位的女性擔任廠長，是個突破傳統的案例。

NGO 派案專員——
二寶媽重返職場的真實告白

　　社工系畢業的 Gina（化名）婚後與老公育有兩個小孩。為了專心照顧孩子，她辭去原本的餐飲業工作，完全投入家庭生活。

　　結婚第八年，她發現老公外遇，對象是自己的閨密。當時的她既沒有收入，又必須每天顧小孩，完全無法思考今後的人生該怎麼辦，甚至有想不開的念頭。她說如果沒有孩子，根本撐不到今天。

　　投入家庭的這幾年，幾乎每天都與孩子朝夕相處，她已經很久沒有和其他人好好講話。為了重新出發，她鎖定可以和人接觸的工作，透過勞動部勞發署的免費服務，找到一份媽媽友善的速食店工作。這家公司會提供新人一套標準化的教育訓練，從點餐到處理問題都有固定的應對臺詞，無須擔心如何開口，也不用了解客戶的個性。長期脫離社交環境的人不用過得戰戰兢兢，擔心自己說錯話或做錯事。

　　開始接觸人群後，她發現過去重心都是孩子，最後才考慮自己，久而久之忽略了自我照顧。但身為爸媽，

最重要的是照顧孩子前要先照顧自己。當父母擁有健康的身心狀態，小孩便能在正面的環境中成長。

在餐飲業工作將近一年，Gina 打算挑戰業務工作，但這卻是另一個困難的開始。每間公司都會問她：「妳什麼時候接小孩？」「那有誰幫妳顧小孩？」「妳有自己的交通工具嗎？」她發現，只要提到需要五、六點下班接小孩，對方就沒有下文。不斷碰壁後，她只能改口回答：「有阿公阿嬤顧，先生也可以接。」

後來她應徵到一間小公司的業務助理工作，每天處理訂單、檢查品質、協助出貨，也要做些美術設計。不到三個月，她驚覺自己回應客戶的速度變快，口語表達變清晰，思考也變得更為全面。公司為了方便她做事，升她為產品業務主任。雖然這只是個對外的稱號，但她這才理解，就算再有能力，要是沒有頭銜，連進門的機會都沒有。

▶「原來我不是一個被社會拋棄的人」

好景不常，半年後這家公司結束經營，Gina 又再度回到找工作的原點。但不一樣的是，這次她多了自信心

和工作經驗，找工作也更有方向。

　　她鎖定需要溝通力的職缺。一間兒童 NGO 需要專員協助派案，她順利錄取這份工作。這間 NGO 定期派遣諮商所的心理師到學校或企業演講，她負責了解雙方需求，進行媒合，擔任橋梁的角色，後續也要處理請款、寫報告等行政手續。

　　NGO 除了看中她的學經歷和個性外向外，更重要的是她有小孩。因為 NGO 關心兒童議題，她很能理解機構的服務理念，用心經營每位個案。重返職場的這些年來，因為自己的身分，屢次被業主拒於門外，但是在這裡，母親的身分成為了加分項目。NGO 也支持她帶小孩去上班，是她遇到過最友善的環境。

　　重返職場後，Gina 養成定期更新履歷的習慣。起初是為了自我檢視，但也因此陸續接到面試通知，讓她感受到原來自己沒有被社會拋棄，她是有生存能力的，值得讓自己的生命活得更精采。

　　說來諷刺，雖然大環境倡議女性賦權，但是她自己重返職場的過程非常辛苦，完全感受不到資方提出對二度就業婦女友善的制度。因為這些福利通常只出現在制度完善的大企業，但是如果本身條件不夠優秀，很難找

到棲身之地。唯一幫到自己的，是持續磨練工作技能，如此才可能翻身。

> ▶ 勞動部勞發署就業服務：wda.gov.tw/content_list.aspx?n=f39864f689523588
>
> ▶ 勞動部勞發署產業人才投資方案（有勞保即可報名，政府補助80％的費用）：wda.gov.tw/News_Content.aspx?n=C3D5B0EEB25C0694&sms=6CA2172C29FEDCE9&s=28C0591BBA1BB1DB

國際女性意識觀察

　　來自斯里蘭卡的席娜拉（Senela Jayasuriya）是一位致力於推廣女力議題的國際教練聯盟（ICF）認證教練，常受邀在企業內部擔任教育訓練講師，工作經驗遍及美國、杜拜、印度、荷蘭。我們曾在 Clubhouse 和美國、日本、韓國、斯里蘭卡的教練交流女性的獨立自主、心理韌性以及自我成長主題。

　　就席娜拉的觀察，美國社會的性別平權意識高漲，

工作者會在面試中主動了解男女員工的晉升機會，Z 世代也常在社群媒體上倡導性別議題。美國女性不只爭取基本權益，更致力於在事業上與男性平等競爭，因此女創業家輩出。

相比之下，印度女性受到傳統文化和社會結構的影響，勞動力參與率低。當地社會普遍認為女性的主要角色是照顧家庭，印度女性也缺乏與男性競爭的意識。席娜拉在印度的演講聚焦在女性的自信提升、自我照顧、職場性騷擾等主題，從題材的選擇上就能感受到兩國的明顯差異。

杜拜則有許多外商女性高階主管。她也受邀於杜拜的王室辦公室（Royal Family Office）授課，女成員的發言積極度不亞於男性。這些女性都有著一個共同目標：為了在職場取得最高位置，不斷考取證照或讓業績超標，非常專注於自己的工作。

席娜拉建議女性走出自己的群體，多多參與國際交流，除了能吸取他人的意見外，**讓自己的聲音被聽到，也是一種提升自信的方式。**

國際全遠距高薪缺
Fully Remote

以往，企業若在海外設立分公司，通常會外派本國員工至當地，多半會提供完整的遷移包套福利，包含薪水、機票、簽證、家庭生活費、子女教育費等。一些企業則採用在地化策略，在當地招聘員工，必要時派遣少數本國主管。無論何者，都需要一筆龐大的支出。

因為疫情，全遠距（Fully Remote）的工作模式全面普及，企業不再大費周章在海外設點，而是選擇遠距招聘，注重成本和效益。

從新創崛起看全遠距市場

媒合亞洲科技人才的新創公司 Worca 創辦人戴子揚在疫情期間看到這個趨勢，於 2021 年成立 Worca。就

Worca 的經驗，矽谷公司招聘臺灣應屆畢業生所開出的年薪至少新臺幣120萬元起跳。他們也媒合過一位八年資歷的臺灣工作者，以年薪500萬元的條件擔任主任工程師（Staff Engineer）。

不只大企業採用全遠距，小公司也是如此。很多小型跨國公司以類似游擊隊的形式營運，總員工人數可能二、三十人，但是在各國設有分公司，而各分公司由一至兩人的小團隊組成。

你或許會好奇，全遠距對企業具成本效益，但是如果員工分散在數十個國家，豈不是要轉換多種幣別的薪水？又該如何處理多國的稅務問題呢？一間來自新加坡的新創公司 Slasify 正是看上這個商機所成立。Slasify 提供「名義雇主」（Employer of Record, EoR）的服務，代替企業處理勞動合約、跨國薪轉、稅務申報、福利與休假管理等繁雜的人事業務。創辦人王祥宇表示，新加坡、美國、中國的企業搶才搶得很兇，甚至會以美金支付薪酬。

這些新創公司的興起都在在提醒我們將面臨更激烈的競爭，如果想持續留在人才市場，勢必得想辦法轉型，增進國際等級的戰鬥力。

CASE
08

科技公司臺灣區行銷──
高薪背後的改變陣痛期

　　Nick（化名）原本任職於臺灣的傳產公司，工作穩定、企業文化和諧。在這裡，想加薪的唯一辦法是外派其他國家，但他無法離開臺灣的家人，遠赴海外。

　　後來憑藉著跨部門合作經驗、企業端行銷經驗，以及英語能力轉職到跨國科技公司擔任臺灣區行銷，薪資待遇成長50％！這間公司的總部位於美國，在世界各地都有員工，彼此以全遠距的形式合作。Nick是臺灣的唯一窗口，與日本、新加坡、美國、東南亞等不同時區的同事共事。

　　剛加入團隊時，他花費最大心力學習的是時間管理，不但要管理自己的時間，更要掌握別人的時間。因為同事和廠商來自世界各地，他必須抓緊每個人的最佳溝通時間，才不會讓自己拖累整個專案進度。

　　全遠距的工作環境中，溝通力和察言觀色成為關鍵技能。他會深入了解每個人的個性和工作風格，例如面對經驗豐富的主管，只要拋出幾個大方向就能讓他侃侃而談。有些主管則要透過一來一往的問答方式，引導

他說出真正想法。有的主管強調公司形象，有的在乎品牌曝光度；有些人愛聽好聽話，有的人只想聽重點。這些都需要一步一步建立關係，無法一蹴可幾。運氣好的話，還會遇到一些熱心的前輩主動分享與高層主管的交談技巧。

　　整天忙著處理跨國溝通和專案進度，時間很容易不夠用，工作與休息的界限變得愈來愈模糊。尤其是當收到總部發布訊息，各國同事都會想盡辦法上線解決問題，達成一種沒有固定上下班時間的共識。由於忙於工作，Nick 經常忘記吃飯，幾個月下來體重一度掉了十公斤。經過一年多的磨練與適應，生活作息和身體狀況才終於回復正常。

遠距人才心法

▶ **必備技能**：溝通力、時間管理、團隊合作、靈活、察言觀色、主動回報。

▶ **不追求完美**：先做出七成完整度的版本，拿出來和大家討論，再進行改進。

▶ **站穩立場向上溝通**：拿出自信和專業表達自己的觀點，不因為對方地位高就退縮。

▶ **出席重要實體會議**：所謂「見面三分情」，正因為實體會議變少，更要把握所有面對面交流的機會，深化人脈。

▶ **堅持好好休息和睡覺**：設定休息時間，包含吃飯、下班、運動、和朋友聚會等，強制自己關機。

CASE 09　電子公司亞太區副總——從一人部門到跨國團隊

　　業務出身的 MT（化名）目前在跨國電子公司擔任亞太區副總（Vice President），業務範圍包含臺灣、中國、東南亞。

　　Apple、Google 等大型跨國企業通常會有這樣的職位，但是很少出現在求職網站上。因為這是既有組織圖中沒有的位置，而且需要多項技能，不是一般人力可以勝任，不太會公開招募。雖然位階是管理職，起步階段多以一人團隊的獨立作業形式，必須在極短時間內快速成長，年薪通常達300萬以上。

▶ 高薪工作是「聊」出來的

　　MT 說這個職缺是自己無中生有「聊出來」的。當時業界朋友得知一位電子公司 CEO 打算拓展亞太區業務。這間公司在歐洲是歷史悠久的品牌，但是對於進軍亞洲市場沒有明確策略。朋友便引薦了熟悉亞洲市場的 MT 與 CEO「聊聊」。

　　就這樣，兩人在沒有明確計畫的情況下彼此交流了產業想法和市場見解。CEO 在聊天過程中表達對中國市場最感興趣，但不知如何下手；MT 則掌握了亞洲國家的所有核心合作夥伴，也有具體的開發策略。兩人相談甚歡，CEO 決定試試水溫，為 MT 開設新職位，讓他大展身手。

▶ 建立信任感的關鍵

　　但是，一個「聊出來」的職缺很可能隨時消失。前面提到，這種工作多為一人團隊的形式，是公司對人才的投資，講直白點，單打獨鬥的個體並不會影響整個事業體，做不起來頂多撤資。沒有明確保鮮期，是這類工

作隱含的無形風險。

　　起步階段的 MT 沒有護城河，他與 CEO 之間只存在百分之百的信任，所以如何維護這份信任非常重要。一旦失去信任，未來任何努力都可能遭受質疑，讓合作關係破局。業務出身的他除了交出成績單，靠數字說話外，還會在 CEO 開口前主動報備進度、提出成果，讓對方沒有時間質疑。漸漸的，他的工作步調和做事方式獲得了 CEO 的信任，在無形中建立起信賴關係。

　　隨著業務成長，很快的，MT 從沒有辦公室的一人部門晉升為跨國團隊。他擴大編制，在中國和東南亞成立分公司，由各國經理負責管理當地業務，協助他鞏固江山。現在的他只要對應這幾位管理者就能掌握整個亞太區，也因為這幾位管理者都來自於自己的人脈，團隊營運得很穩定。

　　雖然現在職場趨勢偏向多方嘗試，但很多大公司經營者都不約而同提到，高薪工作打的是長期策略戰，要爭取到這個位置，取決於在業界是否有細水長流的工作積累、足夠精緻的專業人脈網。有些工作者不到一兩年就過水一種行業，無法有參與核心決策的機會，也就難以卡到高薪職缺。

面試中如何談判高薪？

在全遠距的工作環境，工作者必須支援多國業務、具備多國語言能力，工作範圍和責任也變得模糊，有能力的人才應該主動向面試官爭取薪水和福利。

以下列舉幾個面試中談判薪資的常見情境：

情境 A

面試官：我想了解您期望的薪資待遇，請問您目前的薪水是多少？

求職者：因為我跟現職公司簽訂保密合約，現階段不方便透露薪水，但是根據《2024 藝珂薪資指南與產業報告》的報告，貴公司所開出的這份職缺市場價格落在＿＿＿＿至＿＿＿＿之間（記得轉換幣別），也是我的理想待遇。

面試官：很遺憾，這個數字超過敝社預算，我們只能給您＿＿＿＿。

求職者：根據我的研究，＿＿＿＿到＿＿＿＿是更適合這個職位的薪資範圍。我需要一點時間跟家人討論，盡快在〇天內回覆您。

（○日後）

求職者：感謝您撥出寶貴時間。之前您提到，貴公司對這份職缺的期待是○○，目前最需要解決的課題是△△，而我可以提供××的協助，幾經思考，我認為理想待遇落在＿＿＿＿至＿＿＿＿之間。如果不行的話，再期待未來有其他合作機會。

情境 B

面試官：請問您的期望待遇是多少？

求職者：我很期待成為團隊的一員，目前我在□□領域耕耘了○○年，對於這份職缺可以做出△△的貢獻。我也做過××領域的工作，正好對應您提到的◇◇任務。另外，其實現職公司對我很好，我希望至少拿到＿＿＿＿的薪水，否則對我來說變動意義似乎不大。

　　若經過談判，薪資仍然無法變動，也要進一步詢問加薪制度或薪資以外的福利，包含獎金、假期、外派機會、內部培訓、股票或股權等。

你想不到的居家服務缺
Home Service

 CASE 10 精品門市銷售人員 →
清潔服務業創業

　　清潔工作者其實不如大家所想的是年長阿姨，反而很多年輕人投入這個行業，積極耕耘，阿丹（化名）就是其中一位。

　　35歲的阿丹原本在精品門市擔任銷售人員。但實體店面營業景況已經大不如前，就舉海外遊客愛逛的英國比斯特購物村（Bicester Village）為例，許多精品店已經轉型，從疫情期間就透過 WhatsApp 視訊提供客人細緻的選購服務，再將商品寄到顧客手中，使得國內精品業雪上加霜。

　　阿丹也十分迷惘，因為零售業都面臨同樣困境，並

不是從精品轉到其他百貨商品就能解決問題，而是必須設法跳脫這個產業。隨著業績一季比一季差，老闆焦慮碎唸，更加深他對未來的恐慌。

▶ 生活習慣的轉變帶來商機

某次他與一位貴婦客人聊天，對方提到疫情期間打掃人員很難找，問阿丹是否有人脈可以轉介，這段平凡無奇的對話讓他在回家的路上突然覺醒。阿丹自己是個很愛乾淨的人，清掃收納都非常上手，不曾想過原來清潔服務是有市場的。他觀察到疫情過後人們變得更加重視居家整潔，清潔業或許是一條轉型的路。

他先是透過媒合平台接案試水溫，提供清掃服務。隨著口碑的建立，累積愈來愈多熟客想要定期的服務，六個月後他自立門戶，成立個人工作室。隨著業務的發展，訂單開始出現規律性，每天都有固定客戶，預約也都在一個月前就安排好。他正式離開精品業，完全投入清潔業。

來到春天，幾位客戶陸續詢問冷氣清洗和維護。這種服務通常只有冷凍空調技師或水電工才會提供，但

是近年來業內人手短缺，空調維護士一職迅速發展，政府和大學推廣部都設有證照班。他也觀察到，雖然清洗冷氣只能賺一季，但是收入較高。如果說居家清掃是小月，那麼清洗冷氣就是大月。就這樣，客戶的需求開啟他的空調維護服務。

▶ 打開視野，發現不一樣的自己

獨自創業很辛苦，忙碌時一個月只休息兩天，但收入遠遠超過精品業的薪水，也可以自由安排時間，更不需要看主管臉色，眼界與思維都變得不一樣。培養出創業思維的阿丹不斷優化商業模式，還設計自己的制服、建立徒弟團隊，這是以前還只是個上班族的自己很難做到的。

或許大眾的刻板印象就是清潔工作沒出息，但很多產業形象和工作者年齡層其實不斷在變化。阿丹說以前也很在意他人眼光，但是現在專注在自己身上，完全沒空理會別人的閒言閒語。

前陣子我想介紹客人給他，結果他婉拒了。原來因為清潔需求暴增，為了兼顧生活品質，他將服務定價提

高，鎖定優質客戶。一位公司老闆以高薪聘請他擔任全職特助，在固定上下班時間負責所有家務與進出接送。現在的他不但收入比之前優渥，下班後也可以選擇經營副業或陪伴家人，維持工作與生活平衡。

> ▶ 空調維護士證照班：forms.gle/3rgsvUiC8K2Y6Tej9
> ▶ 分離式冷氣機清潔初階認證班：sce.pccu.edu.tw/courses/2TFWsample

CASE
11

電子業業務 →
牙醫到府服務創業

　　創立全臺首家牙醫到府服務的 Albert，早期在電子公司擔任海外業務經理多年。雖然在開發與維繫客戶上得心應手，但是公司的企業文化傳統，每次不過是將產品資訊建到官網上，就得花費大量時間處理跨部門溝通，讓他萌生轉行的想法。

　　在朋友的引薦下，他進到一間提供送藥到府服務的新創藥局，接受自己薪水被砍25％，在策略合作部擔任

行銷，35歲才開啟第一份新創工作。為了精進能力，他前前後後在創業加速器公司協助企業募資與規畫商業模式，也在口腔產品的新創公司擔任行銷業務總監，不斷累積實戰經驗，培養創業思維。

▶ 創業，來自對社會現象的觀察

　　臺灣預計在2025年邁入超高齡社會，65歲以上長者占總人口的20％[7]。

　　因應人口結構的改變，健保陸續提供居家醫療資源，其中一項是身心障礙者和長期臥床者可向政府申請牙醫到府服務。然而，這項服務本身也有許多不足之處。首先，牙醫師必須自備器械，並請助理同行，接著自己開車到病患家，看診完後再自行處理請款手續。由於流程繁瑣，醫生的看診意願不高。

　　Albert 觀察到這些現象，結合過去的工作經驗，和夥伴共同創立牙驛通，這是全臺第一家專為行動不便者

---

7 （2022）國家發展委員會《中華民國人口推估（2022年至2070年）》國家發展委員會。

與臥床者提供牙醫到府服務的公司，大家可以想成是牙醫版的 Uber。牙驛通會派專車接送牙醫師到病人家中看診，同時提供醫療器械設備與專職護理師協助，看診完後再送牙醫師回診所或自家，對醫病雙方都大大節省了時間和精力。

▶ 轉型，是為了做有意義的事

一路走來，Albert 認識很多醫療新創公司，或從事居家醫護工作的默默付出者，雖然媒體不見得認為有報導價值，但是他們的故事很令人感動。Albert 會邀請他們上自己的 Podcast《醫齊一會：長照居家醫療創業》節目分享，讓更多人了解居家醫療照護，從而幫助到需要的人。

日本推動長照非常多年，曾至日本深造的 Albert 深深理解日本社會相當重視長照人才，並且給予相應的尊重和報酬。目前臺灣社會仍對長照業較為陌生，不清楚長照人才的工作內容，經常使喚對方「順便」做些雜務，但事實上這是個需要高度專業的工作。

長照與居家醫療不僅僅是未來供需趨勢，更是現在

進行式。目前這個產業的人才年齡老化，對年輕人來說有相當大的發揮空間，適合年輕工作者一展身手，卡到好位。

科技業專案經理 → 長照業居服員

居家照服員的 Hank 目前 40 多歲，過去二十多年在科技業耕耘，對自動化設備和供應鏈十分熟悉。

Hank 是個心地善良的人，在職場上一向秉持著多做多付出的價值觀，不太計較功成名就，追求團隊共贏。結果這樣的個性讓他變成了一個沒有底限的好人。

▶「你怎麼變得不太愛說話？」

某次聚會，一位朋友觀察到他變得不像以前那麼健談。那位朋友曾有過恐慌症，敏銳察覺到他的狀況和以前的自己十分相似，提醒他應該尋求專業協助。和妻子深聊後，Hank 才知道自己的身心狀態不穩定很久了。不但大量抽菸和過度飲食，在家中也沉默寡言，連工作

時和客戶溝通也感到困難，只能聊一些簡單話題。

　　Hank 被醫生診斷是恐慌症和憂鬱症的前兆。當時年關將近，他正猶豫是否該撐完這年，領到三個月年終後再請長假休息。但妻子告訴他身體要緊，請他專心休息和恢復，不用擔心家裡的事。在家人的全力支持下，Hank 立刻提出辭呈，獨自開車環島旅行了兩週。這趟小旅程讓他感受到心理壓力有所緩解，儘管還沒完全找回自己。

　　在接下來長達一年多的自我修復期，他參與了公益活動，接觸淨灘、弱勢家庭、教養院、浪浪等。活動上的每位夥伴都是無私付出，也會互相鼓勵，讓他很受鼓舞。過去在職場上遭遇的挫折，因為這些活動逐漸獲得治癒，得到正向思考的能量。他也開始思索如何找回對工作的熱情。

▶ 跳脫 20 多年的科技圈

　　人生的路還很漫長，未來至少還要工作十五年。既然決定中年轉職，希望這次的轉變能做對自己有意義的事，但哪種類型的工作還有機會重新開始呢？

Hank 開始進行市場調查。首先是針對產業，長照是一大**趨勢**。至於薪水，月收入落在4、5萬元，他的一些朋友在這個行業耕耘了兩年，目前月收入達到8至9萬。畢竟自己有家庭經濟壓力，收入穩定當然是重要目標之一。

　　他回想起過去的經驗，無論投入工作或公益活動，他特別喜歡幫助人解決問題，非常珍惜助人過程中獲得的喜悅和滿足，這也是他選擇成為居服員的動機。目前，長照業在臺灣屬於崛起階段，不會外移，也永不終止，他深信一定可以找到自己的位置，幫助更多照顧者與被照顧者。

餐飲業創業 →
長照業護理助理員

　　2001年，當時38歲的 Ann（化名）與新婚不久的先生來到英國小鎮，開啟中華餐館的創業篇章。十八年來餐廳生意蒸蒸日上，然而疫情的衝擊讓經營出現危機。看著遙遙無期的疫情未爆彈，56歲的 Ann 毅然決然收掉餐廳。

▶ 從呼風喚雨的闆娘變成居服員

由於房貸壓力加上存款有限，Ann 必須在短時間內找到新的收入來源。疫情期間全球景氣低迷，唯獨醫護領域缺工。為了生計，她踏入長照業。經過六個月的訓練，註冊成為社區居服員。

以前在餐飲業的她是決策者身分，執行面統統交給員工負責；現在的她則要彎下腰來協助高齡者如廁沐浴、處理大小便等突發狀況，十分辛苦。但每當服務的個案露出笑容，就讓她感受到前所未有的成就感與助人的喜悅。

▶ 從居服員轉戰護理師

兩年過後，Ann 加入 NHS 的護理之家擔任護理助理員。不同於社區的是，護理之家提供更多醫療行為。缺乏醫護專業的 Ann 為了提供更多服務，正以註冊護理師學位學徒制（Registered Nurse Degree Apprenticeships, RNDA）的方式，朝向護理師的目標邁進。目前進度來到第三級（Senior healthcare support worker level 3），

可協助插管和靜脈切開術。

　　Ann 十多年來都在餐館與客戶互動，培養了很棒的服務精神。之所以下定決心改變，除了逼不得已走投無路外，也是因為看到**趨勢**，才踏出改變的第一步。害怕改變是因為沒有自信。她認為自信的 80％ 來自自我肯定，20％ 來自與他人的互動所得到的回饋。放下身段，從零開始也是另一種職涯選擇。

> ▶ RNDA 職缺：jobs.nhs.uk/candidate

Chapter.2
Go Overseas

搶才國家工作機會

日本 Japan

本章鎖定的有發展較為成熟的國家，也有深具未來潛力的國家，共通點是工作簽證容易取得、急需外來人才加入。日本需要科技人才提升競爭力；越南、印度、柬埔寨因為中美貿易戰的影響，大量外資企業設廠；杜拜則是政府明確表示要成為全球經濟三大城市之一。國際獵才公司在這些國家積極設點也是一個指標。從搶才國家與人才市場供需找出自己的位置，持續透過**專業人脈網**掌握最新業界情報，保持國際競爭力。

分秒必爭的獵才市場

日本早已進入超高齡社會，缺工問題嚴重。隨著疫情的加速，人才大量流失，不但照護、建築、餐旅、飲

料食品製造等十二項產業[8]急需人手，科技人才也紛紛出走，前往美國或新加坡發展，日本勞力活和技術職都出現缺口。政府不斷降低簽證門檻招攬外國人才，企業也想方設法進行搶才。

菲律賓人的賈哥（化名）是我十六年前剛入行時一起共事的同事，目前在日本的獵才公司擔任高階主管。他一見到我便問：「妳猜猜目前日本有幾家獵才公司？」我在2018年蒐集資料時記得有六千多家，沒想到現在已經成長到三萬多家了。在日本，獵才市場的速度足以用秒殺來形容。

一般來說，獵才抽成費從30％起跳，但如果是搶手職缺，例如四大會計師事務所或三大管理諮詢公司的特殊保密職缺，在日本居然可以直上100％！假設是一份年薪1,000萬的高薪職缺，企業願意出價100％的服務費，也就是支付1,000萬的抽成費給獵才方，可說是日本人才市場獨有的現象。

---

8 （2019）「特定技能指南」（特定技能ガイドブック）出入國在留管理廳。

> **最新工作簽證**
>
> ▶ **特定技能簽證**：2019年推出，招攬願意投身照護、建築、
>   餐旅等勞力活的外國人。
> ▶ **J-Skip 簽證**：2023年推出，吸引高學歷或高收入者，最快
>   一年後即可獲得永久居留權。
> ▶ **J-Find 簽證**：2023年推出，鼓勵畢業自 QS 世界大學排名
>   （QS World University Rankings）前百大學校的新鮮人留
>   日發展。

管理層不再是日本人的主場

　　臺灣人的 Kim 目前在日本獵才公司擔任中型團隊管理職，成員來自各國，有日本人、美國人、英國人、中國人、蒙古人、香港人。你或許很難想像一個30多歲的臺灣女生居然在日本管理跨國團隊，但如今管理層已經不再是日本人的主場，外國人也有機會擔任主管，磨練領導力。

　　Kim 原本在遊戲公司擔任商業開發，因為決定改

行，選擇可以從零發展的獵頭一職做起。在日本，臺灣工作者的國際觀和配合度頗受好評，加上很多中國企業在日本設立分公司，Kim 專門耕耘會講中文的人才庫，讓業績持續達標，花了三年的時間從小職員晉升為資深經理（Senior Manager）。

有趣的是，剛入行的 Kim 居然和十五年前的我一樣土法煉鋼，參加所有專業人脈網的活動，不放過所有認識人選的機會。打造專業人脈網沒有捷徑，必須一步步累積，讓自己關關難過關關過。

28 歲的 Hiro（化名）目前在日本的大型電商擔任程式開發人員。這間公司雖然是日商，但在成立時就大量採用外國人，海外也有分公司，所以幾乎每位員工都會遇到外籍主管。Hiro 的直屬主管是日本人，上上級主管是中國人，公司整體氛圍很國際化，大家都直呼名字而不是頭銜，也不會不服自己被外國人管理。

隔壁部門的印度籍新人表示，他的團隊採用扁平化的溝通模式，主管會聆聽新人的意見，認為每位成員都是優秀的個體，不會讓他感受到階級和種族的差異，員工體驗很安心。看到主管們非常多元，也讓他期待自己未來能晉身為管理職。

從「副業解禁」到「副╱複業流行」

　　對現代工作者來說，金錢不再是唯一驅動力。與其
在大公司就職，有一派的人選擇進到新創或小公司挑戰
新專案。儘管薪水可能比較低，但是可以透過副業平衡
收支。以公司的立場，員工從事副業會獲得其他領域的
知識和技能，還可以減輕支付高薪的壓力，副業便成為
勞資雙方一拍即合的選項。

　　以前的日本職場幾乎不允許員工從事副業，現在卻
有了顯著的改變，政府也立法鼓勵副業文化[9]。

▲ totolabo 統計在日本開放副業的大型上市企業

根據工作資訊平台 totolabo 的統計，截至 2024 年 1 月，開放副業的大型上市企業共有一百多家，包括三井物產、Asahi、SHISEIDO、mercari 等[10]。

　　日本的副業市場蓬勃發展，最常見的方式是「集點」，只要在集點網站上蒐集點數，就能兌換成商品或小額收入，門檻最低。提供家事服務也是受歡迎的副業選項之一，平均時薪約 2,000 日圓，對擅長家務的人來說容易上手又能有不錯的收入。

　　前面提到的 Hiro 除了正職工作外同時經營兩個副業，一是幫前東家接案；二是與朋友合開顧問公司，協助餐飲業進行數位轉型。對他來說，不限於服務單一公司，透過副業磨練技能是讓工作愈換愈好的關鍵。

▶ 副業工作平台：fucrowd.com

---

9 （2022）「副業與兼職推廣方針」（副業・兼業の促進に関するガイドライン）厚生勞動省。

10 （2024）「開放副業之企業一覽」（副業可能な会社一覧）totolabo。

CASE
14

影視業版權 →
遊戲業海外出版部總經理

　　過去在日本，出版是一個只有日本人才能踏入的領域，但是臺灣人的 Alice（化名）卻成功打破了這項業界潛規則。

　　Alice 曾在東京的大型影視公司擔任海外版權專員，負責電視劇的版權買賣。十多年下來，她在工作上已經得心應手，曾向公司申請調動至其他部門，但沒有得到正面回應，就這麼來到第十五個年頭。當時 42 歲的她心想再不換工作，拖到 50 歲又更沒機會了，於是離職，另找了一份內容行銷的派遣工作。與此同時，老公突然收到調職九州分公司的異動通知，最後 Alice 選擇了家庭，打算兩人一起移居到新城市生活。

　　她正準備辭掉派遣工作，動身前往九州時，一位遊戲公司社長，也是曾經共事的同事，主動邀請她加入自己的公司。這家公司的企業文化很開放，員工多達五百名，每天去上班的卻不到五十人，連社長自己也不進公司。不但上班模式彈性，也沒有加班文化，六日完全可以休息。

社長因為想發行小說，成立了新的出版部門。他看中 Alice 過去扎實的版權經驗，邀請她擔任海外出版部總經理（General Manager），結合遊戲、出版、區塊鏈技術經營 IP。已經決定移居九州的 Alice 解釋了自己的狀況，社長也不斷釋出誠意，最後以遠距工作的形式簽下約聘合約。不僅如此，若有需要來一趟公司，每個月會支付一次九州往返東京的通勤費。最出乎她意料的是，這間遊戲公司和目前的派遣公司都歡迎員工經營副業，她不但持續原有的派遣工作，更發展出新的約聘收入。

Alice 深刻體會到，疫情過後，日本業主放下身段爭取人才，以往高高在上的態度都有了一百八十度的轉變。中年轉型的她一開始很焦慮會一無所有，但離職後反而出現很多意想不到的機會，而且願意配合自己的需求。過去工作上的付出其實都在以無形的方式回饋到現在的自己。

科技人才新寵兒

Talisman 株式會社（Talisman Corporation）是 2012 年成立的日本獵才公司，目前有上百名員工，提供多產

業的人才服務，包含科技、金融、醫療、製造、零售，在美國和印度也設有分公司。Talisman 社長特地分享了科技工作者在日本人才市場的情況。

　　首先，除了數據分析師（Data Analyst）和架構師（Solution Architect）之外，大多數工程師不需要日語能力，只要有對應技術，很容易錄取日本的工作。若有三至五年經驗，年薪落在800至1,500萬日圓，有些外商甚至開出2,000至4,000萬日圓的待遇。

　　前面提到的獵頭 Kim 就經手過許多不會日文但是獲得高薪工作的案例：一位五年資歷的東南亞新創公司工程師以年薪800萬日圓的條件進入日本大型企業；另一位在新加坡新創公司擔任產品經理的30多歲女性人選，也成功在日本的金融科技公司找到年薪1,900萬日圓的工作，打破了我們對日本企業多半不會開出高薪職缺的印象。

　　再說到技術語言，一般大型公司主要使用 Java 和 Go，新創公司則以 Ruby、Rust、Kotlin 為主，尤其是 Kotlin，不只在移動領域，其他眾多領域都很受歡迎。這類職缺有前端工程師、後端工程師、移動工程師、數據工程師、數據分析師等。

放眼全世界，臺灣、印尼或其他東南亞國家被視為新創人才聚集地。新創人才必須擁有高流量系統的實戰經驗，在金融科技領域更要具備處理大規模每秒多次交易的技術能力。臺灣的沛星互動科技（Appier）、印尼的 Gojek 與 Traveloka、總部位於新加坡的 Agoda 等獨角獸企業已經在市場打出知名度，有大型項目經驗，發展速度快，技術相當成熟。

　　以日本獵才市場的成交經驗來看，臺灣人和印尼人占比最多，臺灣人又能快速適應日本的工作和生活，有些企業會鎖定臺灣畢業生。最搶手的是三至五年經驗的新創公司工程師，日本企業會將他們納為新生代儲備幹部，培育成為管理職。總的來說，若想擁有國際團隊合作經驗，日本是個不錯的選擇。有了國際經驗才有談判籌碼，讓下一份工作換得更好。

　　Talisman 社長最後提醒，許多求職者在面試中之所以落選，往往是因為焦點錯亂，例如過度表達對日本的個人喜愛，而未清楚說明自己能為企業帶來的價值。海外求職的朋友一定要深度了解企業文化，在面試中展現出個人專業、目標與對方需求的契合度，並結合具體案例凸顯企圖心。

面試注意點

▶ **專業技能**：具備職缺所需的技術。

▶ **軟性技能**：態度謙遜、能提出建設性解方、具備衝突管理的
能力。

▶ **文化契合度**：將個人目標與公司需求相結合，展現對公司的
高度熱忱與邏輯推理過程。

4 個步驟挑選獵才公司和獵頭

▶ 在搜尋引擎輸入「TOP 5 recruitment agencies」（前五大
獵才公司），鎖定 LinkedIn 或當地新聞，較有公信力。

▶ 前五大通常是大型獵才公司，逐一上官網查看該公司負責的
產業細項是否對應到自己想發展的領域。若是小公司，官網
資訊可能不足，這種公司多半負責非公開的高薪職缺。

▶ 在官網上傳履歷，等待獵頭聯繫後，搜尋對方的 LinkedIn，
觀察資歷和背景。

▶ 反問「為什麼你覺得這個工作適合我」，比較多位獵頭。

杜拜 Dubai

疫情期間，我因為進修杜拜的教練課，深入接觸這座城市。LinkedIn 2023年的數據顯示，當地職缺平均發布一週就能吸引近三百名求職者投遞履歷，成為全球第二競爭的就業市場[11]。

我招募過的許多海外高階主管也搬去杜拜。有的因為新加坡稅金過高、居住成本昂貴；有的因為日幣持續貶值，兌換過後覺得收入不划算；也有人因為英國脫歐後，金融工作機會遭受影響，原因不一而足。然而，他們移居的共同理由都是看上杜拜的發展潛力。

---

11 （2023）「全球最具競爭力的就業市場」（The most competitive job markets in the world）Resume.io。

海外工作者的藍海城市

想進一步了解杜拜的工作環境和發展機會，可以從波斯灣阿拉伯國家（海灣國家）的視角切入。

海灣國家是由巴林、沙烏地阿拉伯、阿曼、科威特、卡達、阿拉伯聯合大公國（阿聯）所組成，人口普遍年輕，政府領導層年紀落在30至40歲，這在臺灣和西方國家比較少見，代表海灣國家的政策和發展勇於創新，追求新科技。尤其是阿聯，因為國家富裕，經濟活動活絡，公民享有諸多福利。所以常聽到大家說，當地人含著金湯匙出生，不但有房有車含車位，念書也不用錢，收入更是免稅。

杜拜雖然不是阿聯的首都，但是總人口最多，而且多為外籍人士，英語是主要商務語言。由於本身地形條件不佳，部分地區是沙漠，政府為了促進經濟發展，主導「杜拜2040年都市整體規畫」（Dubai 2040 Urban Master Plan），目標是將杜拜打造為最宜人居住的城市，吸引外國投資者和工作者及早卡位。

根據當地工作者的觀察，常見產業包含科技、金融、電商、餐飲、零售、房地產，還有外送服務、國際物

流、無人機配送、新能源車等非常多元，其中科技與餐飲需要大量的臺灣人和中國人，目前還沒有太多臺灣人在這個市場競爭。我在當地遇到一位在知名手搖飲店工作、會說中文的馬來西亞人，他告訴我杜拜簽證申請門檻低，雖然餐飲業工作並不輕鬆，但是肯努力就會賺到錢，促使他繼續在這裡打拚。

杜拜工作生活的吸引力

▶ 簽證選項多且容易取得。

▶ 工作機會多。

▶ 免繳所得稅，可獲得全部薪資。

▶ 能與國際菁英共事。

CASE 15

金融科技業——從中國到杜拜

33 歲的 DB（化名）畢業於國際企業系英語組。他喜歡新創公司的企業文化，畢業後在中國的金融科技公

司就職。2022年利用公司的外派機會來到杜拜，擔任產品營運經理，負責在當地推廣以加密貨幣進行大型實體交易，例如房地產買賣等。

　　他本來以為阿聯信奉伊斯蘭教，當地可能有很多禁忌，但實際上很自由。一般來說，一個外國人來到異鄉從事業務工作，必須從零開始和當地人跋感情，比較難經營地緣生意，但是杜拜很接納國際人士，不會因為國籍不同而排擠或歧視。這裡常遇到印度人、阿拉伯人、歐美人。西方人的邏輯思維比較強，在會議上要常提出很多觀點進行辯論。和本地人合作則要尊重他們的宗教，少開酋長家族玩笑。

　　DB認為若以存錢為目的，杜拜是個可以考慮的選項。當然根據所處產業和個人生活方式有所不同，以金融科技業來說，薪資不亞於歐美，而且收入免稅，若減少非必要社交和外食開銷，可以存到不少錢。雖然杜拜沒有臺灣人熱愛的路邊攤或小吃，但是很多蔬果在當地的中國超市很便宜，DB也習慣自炊，大大省下了一筆開銷。

　　此外，也要考慮個人生活興趣和人生發展階段。例如計畫生小孩的話，杜拜或許不是首選，戶外活動豐富

的國家更合適孩子的教育和成長。如果喜歡戶外活動，在杜拜較難找到大自然，但是當地有著非常興盛的夜生活文化，適合喜歡都會生活的人。

DB 坦言，當時選擇外派至杜拜時，周圍的人很訝異，畢竟多數臺灣人傾向去歐美國家發展，但也正因為他心態開放，才發現這座充滿商業潛力的城市。

精品業──
從日本到杜拜

日本人的杏子（化名）是我在杜拜的教練學院認識的同學。她在這裡已經生活了十多年，目前在國際精品旗艦店擔任店經理。她是個非常細膩的人，舉手投足都自然而然融入銷售員的 DNA，讓人充分感受到日本的「款待」（Omotenashi）精神。

杏子在日本念行銷系，一直對精品業很有興趣，透過求職網站找到杜拜精品公司開出銷售人員職缺，就這麼開啟她在杜拜的工作生活。隨著杜拜的觀光經濟蓬勃發展，愈來愈多亞洲富豪來到當地進行驚人的消費。杏子針對亞洲客群的喜好、旅遊旺季、特定節日，例如

DUBAI FASHION WEEK（杜拜時尚週）設計各種爆買策略，同時融合細膩的日式服務，讓業績不斷達標，從小小銷售員晉升為管理職。

現在的杏子接任旗艦店店經理職位，負責管理四十人的跨國團隊，成員有義大利人、法國人、中國人、阿拉伯人。為了讓大家對亞洲主管心服口服，她進修教練學，提升自己的跨文化領導力。

她認為自己在杜拜能有這樣的發展，與工作文化有很大的關係。她很謙遜地說，自己的工作表現在日本其實很普遍，但是她選對市場，在杜拜發展了起來。假設今天選在日本，與日本人競爭，發揮空間就有限了。首先是每個人都會日文，日本的社會文化也讓日本人培育出很好的服務精神。此外，日本有著嚴謹的前後輩文化，升遷之路非常漫長。

我們在臺灣常看到許多關於異國的可怕負面新聞，我好奇問杏子：「來杜拜前不會害怕嗎？家人朋友不會擔心嗎？」杏子聽了有點意外，還開玩笑說，在杜拜從來沒遇過電車痴漢。在日本，比較沒受到媒體嗜血渲染的影響，到了當地也不太有適應不良的問題，治安可以放心。

不動產業──
落腳臺灣，國際帶看

　　對設計充滿興趣的 IC（化名）畢業自美國的平面設計研究所，隨後在紐約廣告公司負責房地產的品牌行銷和網站視覺設計。由於工作表現出色，受房地產公司挖角，外派至上海，進軍亞洲市場。

　　她的客戶是上海和北京的華人，前後擔任過杜拜房地產的行銷與業務。由於業績不斷超標，受杜拜建商賞識，獲得許多委託銷售的房源。可惜遇上疫情，IC 回到臺灣開啟自己的創業篇章。

　　就 IC 的觀察，杜拜是個均富的國家，政治體制穩定，治安也比歐美國家好。當地人民生活單純，就是好好賺錢、好好享受生活。至於房地產，只要支付杜拜土地局 4％ 註冊費和 5,000 迪拉姆行政工本費（如同臺灣的登記規費），持有期間無須繳交房產稅、土地稅、增值稅，也沒有囤房和奢侈稅的問題。

　　同時，IC 發現臺灣有一群固定關注海外房地產的客人。他們注重性價比，一旦釐清疑慮，便會直接下單。為了提供細緻的服務，IC 實際在杜拜住了半年。杜拜

街道不像臺北那麼繁忙，但一進到辦公空間，大家都非常積極投入工作，尤其是房地產業，競爭相當激烈。很多法國人因為歐洲通膨問題搬到杜拜，她親眼見到大型開發商密集訓練法國仲介的景象，其緊湊感與專業度讓她十分驚訝。此外，很多外派人員很滿意杜拜的愜意生活，會向銀行申請貸款，在當地置產。

　　了解杜拜的生活模式後，IC 透過獵頭的引薦與當地頂尖建商合作，簽訂代銷合約，負責推廣杜拜不動產給國際工作者和投資客。

　　創業以來，IC 定期飛往杜拜觀察當地變化，也建立自己的支持網，維持半年在杜拜、半年在臺灣的形式。當她不在杜拜時，則由當地合作夥伴負責完整的接洽與帶看。往返兩國的輪替模式讓她的思維更加靈活，是深化客戶關係的一大關鍵。

越南 Vietnam

中美貿易戰一直是《華爾街日報》讀書會的熱門主題。隨著中美貿易戰開打，各國企業將工廠從中國移至越南，特別是製造業，所以大家可以在求職網站上看到不少外派越南的工作機會。越南獵才公司 Talentnet 也指出，本來當地約兩百間際獵才公司，不到兩年的時間就增長到五百間，為各國企業提供搶才服務[12]。

新生代工作者的新選擇

雖然臺灣媒體沒有特別報導臺灣人在越南工作的情

---

12 （2022）「越南獵才服務發展趨勢」（Trends Of Developing Head-hunting Services In Vietnam）Talentnet。

形，但是在當地廠區裡，其實有破百名臺灣員工一起打拚。在越南工作快七年的家具公會副會長呂光耀表示，越南生活不如臺灣便利，去到便利商店可能要走半小時的路程，但是相對可以存到錢。

　　現在很多臺灣年輕人有經濟壓力，愈來愈多25歲左右的新生代工作者選擇到越南發展。除了容易累積一些財富外，工作門檻較低，大部分製造業很願意培訓新人，起薪也比臺灣高。

　　工作機會主要分為兩種，北越以科技業為主，南越則以製造業或傳產居多。一位科技業軟體工程師表示，越南薪資雖然低於臺灣和美國，但是生活成本低，扣除稅務和開銷，生活品質其實比在歐美國家更好。另一名來自西雅圖的軟體工程師也分享在越南沒有經濟壓力，不用過得戰戰兢兢，還可以請家務助手處理家事、常做SPA、四處旅遊，既能存錢又可以享受生活。

越南工作 vs. 臺灣工作

　　以家具業的工作機會為例，會計、報關、採購、業務的人才需求量大，所以有不少臺灣工作者。英語能

力好的話，很快能成為儲備幹部，薪水在兩年內可能有20％至30％的漲幅。此外，同個集團裡，越南分公司的升遷速度通常比臺灣總公司來得快很多。這些年輕主管可以再利用管理職的經驗跳槽至鄰近國家，追求更高薪的工作。

再以製造業為例，剛畢業或沒有經驗的新人進到臺灣的大型企業，若想達到獨當一面的地步，需要花上二到三年的時間。相比之下，在越南僅受訓三到六個月，就必須獨立作業，獨自負責市場和面對客戶，也容易被推到前線擔任要職，磨練做決策的能力。但在臺灣的大公司，通常要遵循上級指示，較難有發揮空間。

如果是主管職，在越南有更大的權限調動人力，統籌和運用資源上更有彈性。臺灣大公司往往有既定規範和流程，組織結構和運作方式無法如此靈活。

越南工作特別適合？

▶ 預算有限、想節省開支、想快點存到錢的人。

▶ 想培養獨立作業能力的人。

▶ 製造業工作者。

　▶ 希望在大公司工作、尋求穩定職涯的人。

製造業——
年輕管理職看越南工作文化

CASE 18

　　主修地政學的 Lena 是嘉義人，從小接觸外國人的機會不多，大多是越南人或印尼人，她一直記得父親說過：**「真正的國際觀從關心身邊的人開始。」**大學選修第二外語時，她選了當時不普遍的越南語和印尼語。

　　畢業後，臺灣推出新南向政策，她報名外貿協會的國企班，進修商務英文和國際商貿。之後任職於臺灣的大型鋼鐵公司，並且外派越南。雖然順利找到大公司的工作，健康卻亮起紅燈，最後辭職回臺灣休養。

▶ 從一人專案到多部門協調

　　身體逐漸康復後，Lena 開始思考職涯，不斷反問自己「到底喜不喜歡越南這個國家」。最後，她還是選擇前

往越南。不同的是，這次目的是進修越南語和體驗當地生活，還開設了臉書粉專「說走就走越南女神」。沒想到粉專的影響力讓她面試新工作時帶來加分效果。

Lena 進到一間製造公司，先是處理越南不動產專案，隨後外派到越南子公司擔任總經理室專案經理。當時公司正值組織重組，不到30歲又精通越南語的她受到重用，成為幕僚，工作也開始有了大轉變。

她從理解產銷計畫開始，與生產單位、營業單位密切溝通，統整所有資訊，最後向總經理報告。她很有感觸地說，一些外派長官往往不了解基層的工作細節，一旦出問題，難以確定是哪個環節出了錯，無法快速定位問題所在。

▶ 28 歲帶領一群 45 歲

得到總經理提拔的 Lena 兼任行銷部主管。第一次當主管的她，必須帶領一群資深越南同事，其中最年輕的同事是 1998 年入職，而 Lena 是 1992 年出生，換句話說對方在她 6 歲時就進公司了。對 Lena 而言，就像在面對不太會使用 3C 產品的爸爸媽媽；他們也把 Lena

當成小毛頭，對她愛理不理，帶著「看妳能撐多久」的心態。

　　再加上臺越的工作文化和人際互動大不相同。Lena自己在臺灣的公司上班時，對主管交辦的任務都會乖乖照做。但是在越南，若想讓下屬信服，必須展現工作實力和賞罰權力。她展現社群行銷的專業，讓大家知道自己是「來真的」；也改變溝通方式，進行一對一引導，磨練自己的領導力。大概花了半年的時間，終於贏得這群資深同事的信任。

　　越南人重視情感交流，特別是家庭關係。某次，同事的女兒動手術，休假照顧女兒。Lena買了一盒燕窩送給對方，表達自己的關心，同事回來上班後更加倍努力工作。在越南擔任管理職，不僅要理解工作，更要理解人，而不是單方面強調工作，忽視員工的個人感受。反之，有些臺幹認為越南很落後，帶著「我高你低」的心態，對待同事像在數落傭人，只會讓自己難以管理。

▶ 外貿協會培訓中心：iti.org.tw

水產業——
資深管理職看越南未來發展

多年來在水產業深耕的藍藍姐（化名）原本在臺灣的公司擔任採購兼產品經理，負責引進東南亞水產到臺灣市場。長達十年的採購經驗裡有九年半都在經手越南產品，市場敏銳度告訴她，越南是個有潛力的市場。2017年的當時，很多人並不看好越南，但是她將自己的觀察告訴老闆，受邀到越南成立分公司，擔任營運長，開啟乏人問津的越南外派路。

在越南工廠，職位上升空間大。其中一個原因是高階主管年紀愈來愈大，有其他生涯規畫需求，所以公司急需培養未來中高階管理人才，否則將出現管理斷層。另一個原因是，不少企業和集團持續在越南設新廠或轉投資，需要人才開疆闢土擔任要職。

但工廠生活也不是人人都適應得來，每天就是上班和下班，工作與生活全在廠區裡。大公司的廠區也設有健身房、SPA，生活簡單，可以省下不必要的開銷，容易存到錢。缺點是工廠的封閉生活會讓人際關係變得敏感，覺得自己是在學做人，而不是學做事。必須清楚了

解自己的個性，願不願意做一顆小螺絲，安安靜靜做好分內的事情。

　　身為營運長的藍藍姐面試過不少臺灣工作者。大家在面試過程中都表現出積極正向，到了當地卻帶著有色眼光，自覺高人一等，歧視或霸凌越南同事。這是一個警訊，因為越南發展速度快，人才調動不會按牌理出牌。員工永遠不知道哪天公司做出什麼決策，原本以為是自己的位置可能瞬間消失，面臨回到臺灣必須接受低薪，留在越南又沒有棲身之地的窘境。

　　疫情過後，越南的工作職缺轉向內銷人才，需要已經了解越南市場的人，也暫緩臺灣的招募。無越南經驗的工作者可能需要去柬埔寨卡位。此外，儘管製造業在越南是個重要行業，但當地基本工資一直漲，漸漸不符合經營成本，企業開始將版圖轉移至印尼或印度。經營專業人脈網，了解產業近況，才能做好裁員或關廠的相應準備。

　　此外，藍藍姐也建議若想長期在越南發展，學會越南語不可或缺，因為工作機會透過人脈口耳相傳。除了製造業，電商和新創公司也進入越南市場，懂越南語的人才更加受到重視。

柬埔寨 Cambodia

> 柬埔寨在全球製造業占有一席之地,創造出不少就業機會。根據專門負責東南亞華語人才市場的獵頭 Tam(化名)的招募經驗,柬埔寨除了工廠端的人力需求高之外,當地有不少中資和臺資公司,也需要懂中文的會計人才。

製造業——
畢業生的快速存錢之道

企管系的可魯(化名)在大四上曾到越南鞋廠實習半年。2018 年當完兵的他 25 歲。當時上求職網站,臺灣薪資待遇最多是月薪 2.8 萬至 3 萬元,相較之下,越南和柬埔寨的外派工作起薪落在 1,300 美元左右,而且固定

調薪，又包食宿和保險。

　　有經濟壓力的他知道，唯有存到錢才能做自己想做的事，於是將前往海外工作的意願欄位打勾，開啟了東南亞發展之路。

▶ 第一次外派前必須知道的事

　　一家臺灣公司看中可魯在越南的實習經歷，邀請他外派至柬埔寨鞋廠擔任工廠臺幹，月薪是 1,200 美元，提供食宿、機票、培訓。收到工作邀約的第一件事就是上網搜尋，驗證這個工作機會。

　　以工廠來說，鞋廠有寶成、豐泰這些知名公司，查得到資料就沒什麼太大疑慮，但如果是不太有名的公司就要有所警覺。此外，工廠通常會替知名品牌代工，查詢公司資料時也要搜尋合作品牌。

　　確定完公司資訊後，接著是查詢業界新鮮人的行情價，這樣的職缺待遇落在月薪 1,200 至 1,500 美元。反之，如果無須工作經驗就有 3,000 美元加獎金，很可能是陷阱。工廠工作絕不輕鬆，如果聲稱高薪又輕鬆，是騙局的機率很高。

▶ 3個月的主管培訓期

可魯和一群新人來到柬埔寨，一位主管負責指導他們如何管理部門、處理各種事務。培訓完後，這個部門便完全由他們負責，與臺灣的情況大不相同。臺灣的工作文化是新人要從基層做起，累積年資，逐步晉升。但柬埔寨工廠聘請外派人員是希望他們擔任管理職，而非做雜務。

通過三個月的試用期會加薪10%至20%美元，一年後再依據表現調薪10%左右。職位高低也會影響薪水，初階管理職通常管理一至兩個部門；若晉升為中高階管理職，則要管理三個以上部門，如生產部、行政部等，工作量增加，相應的薪水也會提高。

▶ 柬埔寨的神祕面紗

每個國家都有其黑暗面。臺灣媒體對柬埔寨的報導多為詐騙、人口販賣等負面情況。當然有部分是事實，但只要避免接觸奇怪的事物通常沒問題。

從金邊機場出來，映入眼簾的是一大片田地和泥土

地。當地氣候偏熱，大多在攝氏33至35度，常讓初到者難以適應。工廠區通常位於離金邊市區一到兩小時車程的地方，到了那裡就像在一座孤島，什麼都不懂，社交圈只剩下工廠的各國同事。

剛擔任管理職時，文化差異帶給可魯一些衝擊。某次，他請一名柬埔寨同事將資料交給某人，這位同事找不到人卻不主動回報，選擇在原地等待，久無回音。其實同事的想法是，主管沒叫他回來，所以不敢回來。為了克服文化差異，可魯制定完整的 SOP，一一教導他們遇到突發狀況時該採取什麼解決方案。

▶ 從柬埔寨到越南

在柬埔寨工作了五、六年後，可魯看見越南正在積極擴廠，薪資待遇也比柬埔寨更為優渥，大概多20％。目前30歲的他在越南大型工廠擔任高階主管，管理多個部門。

他坦言自己不太有回臺的規畫。以管理職來說，在越南如果月領7、8萬，回到臺灣可能只有4到5萬，大部分的人都無法接受這樣的落差。有些工作者存到一筆

錢後，會選擇在當地或東南亞投資房地產，規畫自己的
人生。

外派工作陷阱確認

▶ 查詢公司的官方資料，查看成立時間、資本額、規模、是否
與大型品牌合作。

▶ 上面試趣、Dcard、PPT 看經驗分享。

▶ 詢問業界朋友對該公司的認識與評價。

▶ 確定業界平均薪資。

印尼 Indonesia

網路業與新創——東協領頭羊

在電商領域，臺灣市場規模較小，通常接觸不到大型專案，很多臺灣工作者有著不錯的專業能力，薪資卻受到限制。如果想突破這樣的工作環境，東南亞是個不錯的選擇。印尼、菲律賓、泰國、越南由於人口比臺灣多，用戶數量和營收有更大的潛力，有機會操作大型專案或大規模數據，薪資也會提高。

你或許會認為，薪水高是因為工作量增加，但是在電商，無論在臺灣做小專案或在印尼經手大專案，都是負責單一市場，工作量其實是一樣的，不會因為薪水較高，業務量便增加。

在印尼網路產業工作多年的 XChange 創辦人許詮

建議，臺灣工作者若想到印尼發展，臺商和陸商會是快速入門的選項。

在臺商沒有語言和文化的適應問題，也會得到基本待遇和職位，算是了解印尼市場的第一步。陸商在東南亞有著強大影響力，工作步調快、內部人事複雜，通常會獲得較高的薪資和職位，屬於進階挑戰。而印尼本土企業需要具備當地語言能力，薪酬待遇也不如臺商和陸商高。

許詮分享疫情過後網路產業人才市場的轉變。由於實體活動復甦，存活下來的實體企業開始融合線上線下（OMO）的營運，例如中國的蜜雪冰城透過大數據分析，一年多就在印尼開了三、四百家分店，具備數據分析、數位行銷、軟體開發、線上線下整合能力的工作者為目前市場所需。

除了網路業，印尼在新創領域也有不錯的發展。印尼、泰國、新加坡的新創公司通常在種子輪融資就能吸引國際資金投入，進入快速成長階段，因此需要大量的研發工程師、有募資經驗的營運長。日本的章節也提到，日本企業對東南亞新創人才備感興趣，會去印尼的 Gojek、新馬的 Grab 等獨角獸企業進行挖角。

根據許詮的觀察，臺灣人才除了專業技術外，整體的軟性技能都比印尼當地人有明顯的優勢。比較可惜的是表達力需要加強，在國際會議上臺灣工作者往往保持安靜，不會主動提出疑問或痛點進行討論。在面試階段或向高層報告時，也要加強講重點的能力。

　　印尼的工作壓力較小，可以多出時間安排自己的生活，適合尋求工作與生活平衡的人。如果喜歡高度競爭的環境，則要考慮中國、美國、新加坡、香港等一級戰區，這些國家的工作需要投入大量時間和精力，相對的報酬也高。

印度 India

越南的章節提到，由於中美貿易戰的影響，各國企業
將工廠從中國遷出。除了越南之外，印度正迅速成為
取代中國的首選地。我們可以在新聞看到 iPhone 最
大供應商鴻海、代工 Nike 和 adidas 的鞋廠寶成都積
極在印度建廠。當一個國家的外資公司開始變多，代
表工作機會也有更多選擇。

謠言無奇不有

在臺灣，大家對印度這個國家的印象多半是髒亂、
傳染病多、性犯罪猖獗等。但就像二十年前的越南或柬
埔寨，印度其實呈現出開發中國家的生活樣貌。

印度的家裡是不能有廁所的，他們認為廁所很髒，

所以將廁所設置在外面，比較窮的人家則去露天解決，危險性較高。但是外派人員常去的地點其實不同於當地百姓，大多是有錢人會去的地方。而且有趣的是，根據當地臺灣工作者的觀察，待超過十年的臺幹中，有九成都是女性。

印度國土幅員遼闊。在印度工作多年的 Roger 提到，他曾在最西部的邦古吉拉（Gujarat）出差一陣子。當地90％的人吃素且禁酒，比其他地區的人純樸善良。某次他去商場買衣服，不小心把信用卡放在那裡。隔天坐車去商場，才剛到門口，警衛就喊著：「Sir, your card! Your card!」店經理也立刻趕來，帶他去保險箱。信用卡確實鎖在保險箱中，也沒有動用裡面的錢，凸顯出印度人善良的一面。

CASE 21 電子業——
從非洲到印度

40多歲的小彩（化名）目前在印度南方的一家跨國電子公司擔任財務長。很特別的是，她的海外工作經驗居然始於西非的奈及利亞。

近二十年前，她還在臺灣的大型銀行任職，工作非常穩定，一做就是十二年。2008 年雷曼兄弟破產震驚了全球金融圈，從沒想過換工作的她面臨失業危機。就在此時，業界人脈引薦了一個短期的異國工作機會，職務和待遇都算不錯，但地點居然是奈及利亞！

回首這段經歷，小彩坦言若當時有其他選項，或許不會踏上非洲這片陌生土地。但當時，她是家中唯一經濟來源。那間公司畢竟在當地經營超過二十年，她為自己打氣：「那裡或許也沒那麼可怕」，於是離開臺灣，前往非洲。

▶ 西非外派歷險記

小彩來到西非奈及利亞的貿易公司擔任中階主管。短短十個月經歷了大大小小的驚險事物，例如常在路上看到屍體、三不五時停電八到十二小時、同事下班後遇到村莊地皮搶劫等，每天的生活宛如在練心臟。

某年非洲選總統，北奈及利亞與南奈及利亞各別派出候選人，最後北奈及利亞輸了，開始屠殺南奈及利亞人。所幸小彩當時在南部，沒有遭受波及。但是位於北

部的當地同事連續一個星期躲在屋子裡，不敢開燈。其他臺幹也是整整一週不敢出門，等到情況稍微穩定，再尋找好心的司機偷偷開車載他們去機場，逃離那裡。

結束了十個月的驚險生活，小彩回到臺灣重新找工作。她收到獵頭私訊一份海外工作機會，待遇比臺灣高30％，而且年年調薪，但地點是個陌生國度──印度。經歷過奈及利亞的挑戰，小彩鍛鍊出強大的適應力，專注賺錢才是重要目標，因此接受了這份工作。

▶ **拿出氣勢，闖出自己的一條路**

小彩在印度公司擔任財會經理，負責找出可疑數字，篩選有問題的合作廠商。

剛到職三個月，一家許久未合作的廠商來訪，無憑無據就開口要求小彩支付一年前購買文具的貨款，還辯解當時疫情封城，訂購流程不完善，態度十分強硬。對方前前後後聯合地頭蛇和政府官員跑來威脅，擺明是在敲竹槓。小彩請廠商提出白紙黑字的證據，對方居然找了一位已離職的前印度主管，共同「製作」出一張貨品簽收紀錄。

小彩聯繫不上那位離職員工，無法核實。不甘願被予取予求的她，又請廠商提交歷史訂單紀錄，一一比對訂貨數量。果不然其，比對之下立刻抓到作假可能。與稅務顧問討論後，她舉發這家廠商有逃漏稅嫌疑，此後對方便毫無下文。

　　另一間廠商打聽到小彩是新來的，也想敲詐一番，但只來訪一次。據說是聽聞上一家廠商的「下場」後主動銷聲匿跡。此後，再也沒有不肖廠商來要錢。

　　想在公司占有一席之地，與其被動等待機會來臨，不如透過實際行動證明自己的價值。自從發生幾次請款事件，不僅總經理對她刮目相看，就連司機也聽聞她的行事風格，對她畢恭畢敬。

▶ 堅守底限的跨文化管理心法

　　小彩的工作表現受到公司重用，晉身為財務長，成為數十名員工中的唯一臺幹。開始帶領印度同事後，經常得到各種意想不到的回應。

　　舉例來說，每月一號是公司結帳日，當天無論是否為國定假日，財會部同事都必須輪班出勤，處理報帳事

宜，公司也會支付加班費。但是沒有人想來上班，最後只好用猜拳決定誰留下，猜輸的同事居然在當晚傳了一封簡訊：「爸媽不讓我來上班。」小彩立刻請同事請辭，沒想到對方秒回：「好好好，我明天一定到。」

還有一次，小彩收到一位同事的結婚喜帖，她也包了紅包給對方。沒想到此舉讓所有同事接連把遠房親戚的喜帖送上門，向她討紅包，讓她哭笑不得。

這些經驗使她學會印度職場的生存之道，不斷磨練領導力。身為主管，若對印度同事過於客氣，容易被騎到頭上；相反的，如果態度嚴厲，展現權力，他們反而覺得很有面子，並且聽從指令。這或許與印度人根深柢固的階級意識有關。雖然印度政府已經立法廢除種姓制度，但在生活中仍舊見到種姓制度留下的影響。

異國的各種奇遇記讓她不斷壯大自己的能力。當看不到路時，繞路或許可以找到自己的路。

值得學習的印度工作者軟性技能

▶ 勇於發言。

- ▸ 表達力很好。
- ▸ 懂得自我包裝（但可能過度吹噓）。
- ▸ 擅長辯論。

印度未來發展

　　中國從當年的金磚四國發展至今，整整花費了三十年。印度有著多元的語言、宗教，是個民主國家，絕不只需要三十年，目前看來還有很大的發展空間。

　　以製造業來說，在中國的外資科技公司擔任專案經理的 Angela 表示，她的下個目標就是印度。Angela 的主要工作是協助工廠優化製造流程。相較於中國對建廠已經非常熟悉，印度的工廠還屬於開發階段，對她來說是個具挑戰性的舞臺。

　　另一位在印度電子公司擔任產品經理的 Victor（化名）目前不到 30 歲，已經管理整個產品部門，負責帶領多名印度同事。他看見印度政府為了推動經濟，積極做出改變，計畫至少在當地待上五年，親眼見證這個國家的成長。

英國 United Kingdom

曾經的日不落帝國？

《2030轉職地圖》的醫療獵頭小夏（化名）目前已經拿到英國公民的身分，也仍任職於名醫機構。

英國自脫歐以來，整體物價上漲，各行各業不斷上演罷工潮。當地生活成本急劇高漲，加上烏俄戰爭導致能源成本上升，國內消費愈來愈高。以前0.7英鎊的牛奶，現在已經漲到1.85英鎊。疫後的英國不但經濟未見明顯好轉，薪資成長幅度也未能跟上通膨與物價上漲。

再加上英國政府的簽證規定朝令夕改，讓小夏在招募海外人才時增加許多困擾。舉例來說，政府提高「技術工人簽證」（Skilled Worker visa）的最低工資要求，從26,200增至38,700英鎊，此薪資門檻拉高了招募

預算，她的公司決定不再聘請外籍人士。然而小夏改為鎖定本地求職者時，卻又遇上很多工作者正計畫移居海外，因為同等薪資在其他國家能過上更好的生活，使得招募難度大增。

海外留學生的去留

來自福建的華哥（化名）是我在1995年打工認識的同事。目前的他是多家餐飲店老闆，協助過許多外籍人士申請簽證。

在英國待了二十年的華哥表示，英國人的慢條斯理（懶惰）眾所皆知，加上政府福利好，很多人工作意願不高，傾向領取失業補助過生活。華哥遇到許多應徵者為了領取補助，一週只工作一、兩天；有些人選擇領現金的工作，好讓戶頭沒有收入進帳的紀錄；還有些人一週實拿六天的工資，但只申報兩天的收入。想到自己老老實實繳稅，對比這些人的生活態度讓他感到很不公平，同時擔心英國稅金只會愈來愈重，開始萌生移居其他國家的念頭。

在人手短缺的情況下，英國餐飲業轉為僱用印度員

工。如果仔細觀察會發現，餐廳外場人員和廚師大多是印度人。華哥遇到許多態度認真的海外工讀生，其中兩位想留在英國工作，分別以「畢業生簽證」（Graduate visa）[13] 參與面試。一位因為持有該簽證而被錄取，另一位則因為雇主認為該簽證有失效風險而不予錄取，他只能打包行李返回家鄉。不少工讀生都因為簽證政策頻繁變動，改為尋找其他國家的工作機會。

此外，大量香港人以 BN(O) 護照移民英國，大幅降低華語人才的工作機會，例如精品業、餐飲業等。

對海外工作有興趣的朋友，華哥直言英國不再是個值得投資的選項。小夏也表示，若真的想在英國發展要鎖定缺工的科技或醫護領域，這些工作薪水高，雇主較願意為工作者負擔簽證。

其他重要考量

除了經濟發展停滯，治安惡化問題也十分嚴重。物價飆升導致本地消費能力降低，每天都上演搶劫案。犯罪集團會鎖定華人，將之視為隨機搶劫對象。

在倫敦牛津街開餐廳的華哥常聽聞許多竊盜事件，

例如兩小時內失竊超過六十支 iPhone、偷竊名牌車只要三分鐘、有些人只是在路邊喝個飲料都遭遇包包被搶。犯罪行為愈來愈大膽，警方卻無能為力，倫敦商家只能不斷提醒顧客留意扒手。

在海外工作除了確認簽證規定外，更要考慮治安問題。現在英國正逢經濟衰退，或許朝其他國家找工作會更有意義。

13　原為「畢業後工作簽證」（Post-Study Work visa, PSW），一度在 2012 年廢止，2021 年起以新名稱「畢業生簽證」（Graduate visa）重啟。

新加坡 Singapore

當地工作者的移動

有二十五年獵才資歷的 Coco 姐（化名）在十多年前被高薪挖角，外派到新加坡，並在當地建立自己的家庭，育有兩個孩子。她坦言要不是有了家庭，其實很想往其他國家發展。主要原因是生活成本高，特別是房租和日常開銷，就算有份不錯的收入，實際可支配所得卻相當有限。

那麼新加坡人才都去到哪了呢？新加坡的主要職缺是技術職，海外科技人才來到新加坡取得永久居留權後會選擇移居至澳洲、印度、杜拜、泰國，因為這些國家同樣提供高薪工作，而且開放移民、稅收低，也有國際學校資源。

新加坡政府近年來為了保護本國工作者，規定聘用外籍人士的薪資必須比國內高。有了這個門檻，企業便不傾向大手筆從海外招人，導致國際招募趨勢大不如前。以往低薪工作如家庭幫傭通常由菲律賓人來做，但政府的規定讓這些產業嚴重缺工。即使工作者很想留下來，但因為領不到高工資，無法取得簽證。此外，新加坡一直以來都會定期裁員來維持公司績效，內部競爭激烈，工作壓力大。

　　Coco 姐認為新加坡不是臺灣工作者的首選國家。首先是技術能力。以專案規模和經驗來看，臺灣市場較小，技術發展可能不如大國家那麼競爭。英語能力也是一個障礙。除了醫療或長照領域可能可以使用華語，但是在絕大多數的商業環境，英語流利是必備技能，印度人可能更有優勢。

加拿大 Canada

　　如果想快速取得外國的永久居留權，除了前面介紹的日本，加拿大也是其中一個選項，不過兩個國家的風格截然不同。在日本，生活步調快，雖然休閒娛樂多，但是比較沒有樂活的氛圍。加拿大則與日本相反，可以多出時間享受悠閒的生活，生活機能也和亞洲國家不相上下，不太有格格不入的感覺。

CASE
22

軍官 →
跨國科技公司工程師

　　軍校電機系出身的小柯（化名）是《2030轉職地圖》的讀者，我們在簽書會上認識時，他還是海軍陸戰隊軍官，問過我軍人轉職的問題。事隔三年再次遇到他，他

已經取得加拿大永久居留權了。

小柯從國高中就很喜歡寫程式，靠著寫程式比賽的成績保送軍校。軍校的生活忙碌，加上成為軍官後要帶兵、安排輪調等瑣碎事宜，讓他漸漸忘了那個熱愛寫程式、夢想當矽谷工程師的自己。他重拾熱忱，在軍中不斷練習與進修，補強技術。退伍那天以全端工程師的正職身分進到一間小型遊戲公司，聚焦在自己負責的 IT 商品和程式語言 Typescript。

經過大量的技術磨練和作品累積，小柯終於踏出夢想的第一步——前進美國。但申請簽證的過程卻一波三折，又遇上疫情。先是美國遊學簽證被拒，他退而求其次，改以觀光簽證入境加拿大。為了入境後待久一點，又申請打工旅遊簽證。但萬萬沒想到的是，這場突如其來的疫情反而創造了新的機會——矽谷公司紛紛開放全遠距職缺。

住在加拿大的他改變策略，開始尋找矽谷的全遠距工作，不但可以磨練矽谷競爭力，也能兼顧安定的加拿大生活。經過充足的準備，最後收到不只一家媲美亞馬遜公司規模的錄取通知。目前的他在一間具有世界領導地位的科技公司擔任雲端開發的中高階軟體工程師，總

算完成夢想的第一步。

　　雖說加拿大生活仍有許多不方便的地方，但是他喜歡科技工作和戶外生活，所以最後走到了這裡。美加公司的企業文化會給予員工百分之百的信任，如果需要修正，會安排時間討論，而不是當下指責。小柯的價值觀也漸漸有所改變，上班時全心全意地工作，下班後也全心全意地玩。

海外工作者的自我盤點

▶ 可否更換雇主或兼差？

▶ 如何更新簽證？

▶ 失去工作後的簽證期效？

▶ 若工作內容與事實不符，是否有緊急逃離備案？

▶ 設定個人發展期限。

▶ 研究拿到永久居留權和當地護照的資格。

▶ 計算稅後收入。

▶ 如何建立當地人脈？

▶ 如何快速適應當地生活？

▶ 蒐集前輩的發展案例。

- ▶ 回臺灣有好的工作機會嗎？
- ▶ 下一步要去哪個國家發展？
- ▶ 下一份工作所需技能？
- ▶ 設定海外工作停損點。
- ▶ 檢視財務規畫進度。

Chapter.3

Your Inner Voice

從「自己」出發的生涯規畫

以身心為本
Mind and Healthy-oriented

> 工作的目的是讓我們擁有金錢、人脈等資源，進而獲得幸福與快樂。企業有自己的規則，我們也有自己的時區和步調。不斷探索興趣、適時休息與抽離，將重心放在自己身上，也能更加釐清方向。

我在疫情期間主持 Clubhouse 的節目，每週都會與曾心怡臨床心理師討論心理議題。當時每個人都面臨職場中斷、社交減少、個人與親人的健康照護、對未來的不確定性，內心焦慮不安。然而疫情過後直到現在，身心科醫院院長許景琦指出患者不減反增，心理健康已經成為每個人的重要課題。

大家應該發現這幾年在政府的立法下，公司開始安排醫護人員定期與員工進行健康諮詢[14]。國外還出現所

謂「幸福長」（Chief Well-being Officer, CWBO）[15]一職，在 LinkedIn 可以查到許多相關職缺。

我遇到好幾位個案因為身心失調，跳脫出賣命升遷的傳統思路，轉為追求工作與生活平衡。有的改以約聘的顧問形式與企業合作，有的完全跳脫體制，自行接案或選擇創業，收入也不亞於正職薪水。

公關 + ESG 創業——自我覺醒，跳脫職場的競爭螺旋

40 多歲的 Lucy（化名）原本在大型科技公司擔任公關部主管。隨著 ESG 風潮興起，各大企業紛紛導入相關政策。Lucy 的所屬企業為業界領頭羊，為了不落後於同

---

14 （2019）「事業單位勞工人數在五十人以上者，應僱用或特約醫護人員，辦理健康管理、職業病預防及健康促進等勞工健康保護事項。」〈職業安全衛生法第 22 條〉全國法規資料庫。

15 幸福長是由勤業眾信（Deloitte & Touche）幸福長珍・費雪（Jen Fisher）於 2016 年所創的新職位。工作內容包含制定健康相關的員工福利，將健康意識融入企業文化，也要分析數據，評量何謂幸福。通常是具心理學、營養學、運動學背景，或有身心靈專業的人擔任，或由人資兼任。

行，CEO 指定年度優先事項為成立 ESG 部門。責任心重且表現突出的她被指派為專案經理，負責設定 ESG 策略並導入企業內部。

▶ 變化來得太快，
努力已成為基本功課

在大公司推動改革，首先要面對的就是高層。這間公司的高層多為元老級員工，大家各持己見，又對開會格外熱中，可以從一早七點開到傍晚六點。Lucy 的一日行程是這樣的：每天上班前除了閱讀國際新聞、產業新聞，還包括十篇以上各國企業的中英文 ESG 案例；上班時間則周旋在老臣之間，處理專案中的複雜人事關係；真正能執行工作，都是晚上七點以後的事了。

推動新改革，若沒有三、五年很難看見成果，高層對 Lucy 的提案不以為然，百般刁難。不服輸的她更加努力尋找海量案例和數據，理性說服高層。為了有效溝通，她研究每位與會者的人格特質，包含面對專案的態度與行事風格，用盡心力達成任務。她一心認為，既然在體制內生存，就要跟隨企業的遊戲規則，就這麼度過

兩年的高壓生活。

▶ 明知是顆毒蘋果，
即使中毒也捨不得放棄

某個加班的夜晚，她突然感到頭暈目眩，眼前一片漆黑，隨後倒地，不醒人事，嚇得同事趕緊將她送醫治療，才發現是心肌梗塞。

躺在病床上的她想到一則海外企業的 ESG 成功範例。該公司實施許多新制度，照顧員工的身心健康，她這才驚覺完全沒照顧到自己的身心健康。公司推動 ESG 的本意之一是創造永續的工作環境，在第一線推動 ESG 的前鋒反倒被工作壓垮，令她感到格外諷刺。**工作明明是為了好好生活，現在的她卻為了達成任務，陷入追逐競爭的快感之中。**大澈大悟後，離開了高壓職場。

離開體制後，身體狀況逐漸康復，也慢慢找回自己。她成立自己的公司，專門輔導中小企業解決公關危機和規畫 ESG 策略，而且一週只工作四天，以身心為優先。回首生病前的自己，因為個性好強，遲遲不做出改變，直到倒下後才發現其實有更好的選擇。

CASE 24　希塔療癒師創業——
用 HR 視角走出身心靈之路

　　我的希塔老師小米橫跨身心靈、法務、人資、職涯規畫。前者是運用感受，後者靠的是邏輯，分別在光譜的兩端，她卻能運用自如。

▶ 身心靈領域的啟航

　　小米念的是法律系，在餐飲、零售、快消等產業擔任過法務和人資。工作了十幾年，她確定自己喜歡從事與人有關的工作，但也時常自我反問：「我還要繼續當 HR 嗎？」

　　多年來的忙碌生活，鍛鍊出強大的情緒轉換能力，無論遇到再討厭的事情，睡一覺起來就消失。直到 2019 年，她開始感到很奇怪。當時明明沒發生什麼特別的事，卻經常莫名煩躁。這種煩躁感愈是不理會，愈是頻繁出現，從原本一個月一次到兩週一次，最後變成每三天一次。她開始思考內在是否想與她溝通，有股力量推動她去尋找答案。

她上網搜尋「心裡不舒服」、「內在對話」、「自我認識」，找到催眠和潛意識的資料。催眠是一種腦神經科學，可以幫助人自我覺察，深入了解自己。看著這些資料，雖然半信半疑，但為了找出原因，她尋求催眠師的協助。在催眠師的引導下，潛意識告訴她現在的人資工作沒有發展性，希望她離職。這個指引似乎說中了她的心聲，成為踏入身心靈領域的契機。

▶ 多項專業的佼佼者

在法律、人資、職涯規畫領域，小米的工作核心都是幫助人解決問題。開始進修催眠、塔羅、希塔後，她運用這些身心靈工具斜槓幫助個案，愈來愈確定自己喜歡助人工作，只是方法不同而已。

她的個案中有一無所有的焦慮者，也有學經歷很漂亮的人生勝利組，甚至有想從政的50歲大哥，他們都不約而同表示：「我不知道自己到底要什麼。」小米運用法務、人資、職涯規畫、身心靈四種專業與他們對話，幫助他們找到自己。

隨著熟客愈來愈多，2023年成立自己的公司。投入

新領域不代表放棄既有的專業，小米就是同時將多種領域的技能交叉運用，打出自己的差異化。

 百貨銷售人員 →
CASE 25 **芳療按摩師**

　　Mini（化名）從小在母親的言語暴力下長大。喜歡打扮的她原本在百貨公司擔任服飾銷售人員。雖然臉上常掛著笑容，內心其實一直自我否定。每天一回到家，母親就會對她破口大罵，辱罵她是「賠錢貨」、「掃把星」。她只能努力工作，麻痺自己。

　　某次，一位老朋友察覺她的狀況，並且接住了她，當下她立刻放聲大哭。在朋友的建議下，安排了心理諮商和芳療 SPA 課程，計畫離職休息。第一次接觸芳療 SPA 時，師傅專業的按摩手法和溫暖的關心話語撫慰了她的身心，讓她愛上這個環境。

　　正好店裡張貼著芳療按摩師的徵才資訊，提供完整培訓，採排班制、沒有底薪。Mini 認為這是個好機會。一來可以學習新知識和技能，成為芳療按摩師；也因為是排班制，工作量不大，可以兼顧休息。

▶ 從陪伴他人找回自己

投入芳療按摩師的工作後，Mini 了解脈輪與身體的關係，透過與身體對話進行自我覺察。

工作中常遇到各式各樣的客人，聽著他們訴說自己的故事，Mini 發現每個人都背負著壓力，過得不快樂。她運用在百貨業累積的經驗，以積極傾聽與客人互動，很快的，第二個月就有回流客。令她印象最深刻的是一位退休的老先生，因為孩子長年在外，已經很久沒有人陪他說話。他很感謝 Mini 的陪伴，帶給她莫大的自我肯定。

在 Mini 的細心經營下，從第一個月不到 2 萬塊的薪資，第二個月就提升到 5 萬，第三個月則來到 7 萬左右。老闆也很關心她的身心狀態，擔心她是否過度排班、有沒有好好照顧自己。

原本計畫休息，因為這份工作找回自我價值與生活的意義。沒有客人的空檔則用來進修線上課程，自我充實。Mini 說很喜歡現在的自己，雖然回到家還是得面臨母親的言語暴力，但是她學會不去理會，專注於讓自己過得更好。

重新認識自己

Ways to Know Yourself Better

What do you want? What do you need?

「你想要什麼？」（What do you want?）

「你需要什麼？」（What do you need?）

這是我在諮詢個案時一定會問的兩個問題。

現在每個人都迷失自我。我在職涯工作坊最常遇到學員問：「我不知道我要做什麼？」「我不知道我可以做什麼？」我在華視訓練中心上演員班時，前十堂課都在練習自我介紹，一位導演說的話讓我印象深刻：**「你們都不認識自己，又要怎麼演別人？」**你知道自己真正要什麼嗎？

我有一位朋友很渴望在公司裡發光發亮。他已經是

個很優秀的員工，卻認為今天最好的表現是明天最低的要求，每天想著如何交出更漂亮的成績單，日積月累的壓力讓身體狀況出了問題。某天晚上他突然掛急診，隔天一早公司立刻找到職務代理人，讓他十分挫折。比起追求工作表現，他需要的是把重心放在自己身上，好好照顧自己。

當不知道自己要什麼，很容易陷入只求生存的模式，持續做著不適合的工作，甚至覺得生活失去控制感。前面提到的 Lucy 就是不斷承接公司交付的工作，最後身體垮掉。嘗試自我探索，可以幫助我們找回內心的聲音。自我探索的方法有很多種，可以學習新事物、自我反思、定義個人價值、設定目標、學習管理情緒，或是每天記錄日常的所思所想。

我想分享我自己的兩個方法：

杜拜教練課

疫情封城期間，我的一位職場前輩建議我去進修教練學，考取教練（Coach）證照，在現有專業上添加新技能。

教練的概念在亞洲比較陌生。教練學又稱專業陪跑，指的是由一位專業教練透過對話的方式引導學習者（個人或團體）發揮潛能，達成目標。教練學又分為職場教練學（Professional Coaching）與生涯教練學（Life Coaching），前者聚焦在工作發展，後者關注的是個人生活。

在前輩的提醒下，我立刻上網搜尋，發現 ICF 認證的教練課本來只有實體授課，但是因為疫情開放線上學習。從未接觸教練學的我，選擇杜拜的轉型教練學院（Coach Transformation Academy）進修教練課。除了時區比較接近臺灣的生活作息外，更重要的是杜拜是歐亞非三洲的中心，可能與來自世界各地的同學一起上課。

▲ 團隊轉型（Team Transformation）頒發的進階團隊轉型教練（Team Transformation Master Coach）證書

果不其然，我的同學有不丹政府顧問、印度科技集團人資長、南非工廠營運經理、杜拜精品業務經理、

香港印刷業人資長等國際菁英。

　　教練課需要進行大量的情境演練。老師會指派各種劇本，要求我們角色扮演。當時老師指定一場衝突劇，我扮演教練（乙方）的角色，我的客戶（甲方）則由60多歲的南非工廠營運經理擔綱演出。對方非常敬業，完全沒在客氣，讓我上了一堂震撼教育。

　　「我請妳改善工廠，結果沒半個員工聽我的話。」
　　「妳可以解釋一下嗎？」
　　「我覺得妳講的很不合邏輯。」
　　「那妳這騙錢，妳收我500萬！」
　　「我不接受妳的道歉。」

　　她的咄咄逼人讓我當場嚇住，居然脫口而出：「不好意思，我們老闆現在不在，等他回來我確認後再回覆你……」當下所有人都笑了出來，大喊：「NO～～～」我忘了自己是教練，從頭到尾就沒有所謂的老闆啊！既然是教練，就該獨當一面，拿出教練的專業為客戶分析，無須理會對方的身分地位為何。

　　這個經驗讓我體會到面對強勢的人，自己當下的軟

弱。我一直從事招募工作，對企業主的人才需求使命必達就是我的任務。所以每當遇到衝突，我都是扮演聆聽者的角色，安安靜靜接受所有情緒，不會主動反應內心的聲音。華人社會中長幼有序的觀念也深植我的腦中，我認為無論如何都不能對長輩不禮貌。

但國際場合是就事論事，沒有輩分和階級的差異。今天，我和教練課的每位同學都是平等的，大家平起平坐，直接溝通。如果發生衝突，教練學教我可以用引導的方式化解：

「我好像感受到你的情緒出現變化，可以告訴我怎麼會有這樣的差異嗎？」

「我覺得你這個想法還滿有趣的，可以再跟我分享更多嗎？」

所有敘述都是不批評、不否定、不貼標籤，讓對方感受到自己是安全的。

我也提醒自己，今後面對衝突，不用再默默忍受，也沒必要還擊，有更好的解決方式。增進自己的衝突管理能力，是我在教練課學到的實用技巧。

華訓演員班

　　某次我滑著手機，看到華視文教基金會訓練中心的演員班招生廣告。平常很愛看鄉土劇的我，對演員工作很感興趣。我一直認為表演和職場人際關係息息相關，教練學也提到對任何事物保持好奇心，我便報名了為期三個月的演員班。

　　上課前需要經過面試，我清楚告訴面試官報名動機——我想將表演技巧運用在自信心與表達力，也想了解如何在職場善用入戲與出戲的切換能力，維持情緒穩定。報到第一天，我才知道班上同學年齡都在15到25歲，和教練課是兩個極端。當我和朋友分享這件事時，他們都大笑：「Sandy妳又在亂搞了！」我媽更是直接酸我：「妳不覺得自己很丟臉嗎？」但是我並沒有因此打退堂鼓。

　　一進到教室，宛如來到魔術世界，大家盡情展現喜怒哀樂。同一個角色在十五位同學身上就可以看到十五種截然不同的風格，豐富了我的創意思考。有些人是來練習說話技巧，有些人則想得到戲劇邀約，每位同學都全心全意地投入，熱絡討論著如何詮釋角色。我常被他

們激動的情感流露所震懾，這是在職場或一般課程不可能看到的狀況。

我印象最深刻的是一個訓練專注力的遊戲，所有人都必須閉上雙眼，輪流報數，一旦出現同時喊號就要歸零重來。對彼此還不太熟識的我們全神貫注，用心感受著每個人的呼吸與心跳，以及現場的能量流動，最後順利完成。

課程來到尾聲，進到結業的分組表演。同學們興奮地互揪組團，全班最「高齡」的我有點不好意思，不知該找誰一組。幸運的是，結業劇本中有段媽媽和國中生的劇情，一位同學需要同伴飾演媽媽的角色，我才因此組隊成功。

結業式當天，我們在導演和所有同學面前演出。我的角色是一個理智線斷掉、破口大罵孩子的媽媽，有趣的是大家都鼓勵我「可以再兇一點」，最後完成了一場「跨齡演出」。

結束了三個月的演員班，我的最大領悟是，人生就是演戲。將戲劇與演技套用在現實生活裡，遇到不愉快的事情就當作正在入戲。下戲後，把不相關的人事物完全切斷，就可以減少負面情緒。

▲ 我和演員班同學　　　　　　　　▲ 演員班結業證書

專業陪跑的必要

　　疫情過後，全球教練比例持續增長，特別是生涯教練愈來愈受歡迎。找到適合自己的教練，也是認識自己的方法之一。

　　在職場上，並不是每個人都能找到一位即時提供協助和指導的主管或同事。有些人可能遇到不聞不問的上司，又或者其實需要的是心理師、職場導師甚至商業顧

問來解決不同層次的問題。很多高層管理者也缺乏思考的時間或私下討論的對象。如果有教練的陪伴，可以更專注於自我成長，找到方向和目標。

學習教練學的過程中，我在社群認識了一位住在巴黎的臺灣教練 Kyria。她目前是 ICF 的專業認證教練（Professional Certified Coach, PCC），專注在國際職場領域。Kyria 提到歐洲的情況，很多人會透過教練幫助自己成長。但在亞洲，大家下班後的生活或社交有著緊密的支持網，不太會意識到專業陪跑的需求。

為了累積實際教練時數以取得專業教練證照，我和 Kyria 相約做「同儕教練」（Peer Coaching），在「被教練」的過程中發現自己的盲點。舉一個我在生活中常遇到的人際關係問題：

教練：妳最近有遇到什麼困擾嗎？
我　：我好像不太會搞定 A 跟 B 吵架。
教練：那妳想要什麼呢？
我　：我想要他們停止吵架。
教練：什麼原因讓妳這麼想呢？
我　：因為我很討厭夾在中間。

教練：那妳需要什麼呢？

我　：我需要一個和平的互動氛圍。

教練：怎麼說呢？

我　：整天煩 A 和 B 的事，讓我沒辦法專心做事。

教練：那妳嘗試過其他方法讓自己暫時脫離那樣的環境嗎？

我　：嗯……可能是他們離開或是我離開吧？

　　我瞬間明白，我要的其實不是 A 和 B 停止吵架，這是他們自己必須面對的問題。我真正要的是一個安靜的環境，在這個安全的空間內做自己想做的事。透過的教練的引導，我跳脫出不必要的糾結。真正專業的教練不會直接給出答案，而是藉由一層一層的抽絲剝繭找出困難點，再針對各個困難點提問，每一次的提問都能提高精準度，最後幫助個案釐清盲點。

　　最後也提醒大家，現在教練這個詞廣泛使用，人人都聲稱自己是教練，其中不乏一些半路出家的非專業教練，可能會對個案帶有偏見或語出批評：「我就叫你不要這樣，你看吧！」「早就跟你說不 OK 了，你還去做，但我還是可以幫你……」如此一來，很可能干擾到個案

的思緒。

　　建議有教練需求的人一定要先確認對方的專業背景。專業教練會以強大的同理心與積極傾聽的方式引導個案，陪伴個案前進。

10個教練學的自我提問

▶ 列出所有會讓你感到快樂的事物。

▶ 你需要什麼？

▶ 你的價值觀？

▶ 你的動力來源？

▶ 做哪些事情會讓你處於心流狀態？

▶ 你的理想生活？

▶ 誰是你心目中的榜樣？

▶ 你的成就感來源？

▶ 如何定義「美好生活」？

▶ 什麼是你不想要的生活？

3 個提問觀察教練品質 By Kyria 教練

▶ 請問你是經由哪些職能訓練（competencies）成為教練？

▶ 請問你的定期督導（supervision）是誰？

▶ 請問你是哪個教練組織的成員？或有自訂的職業倫理規章
（ethics）可以參考嗎？

自我追尋的旅程 Gap Year

　　你是否常被問道：「你看起來好累，你還好嗎？」Gap Year 是一種自我探索的充電方式。以前的工作文化會讓求職者覺得工作空窗期不可以超過三個月，很多人都是無縫接軌進到下一份工作。也有人會預設立場，認為一旦辭職休息就很難再找到工作。

　　傳統的工作文化已經漸漸改變，現在很多公司願意提供員工留職停薪的選項。試著提出自己的需求，充飽電再重返職場。

CASE 26

**線上教育業創業——
認真旅行與實驗的心流計畫**

　　小金魚是個一工作就停不下來的人，可以一週七天

都在工作，每天工作十幾個小時。

　　這樣的工作模式長達五年，她發覺自己睡眠品質變差、生理期不穩定、長大量蕁麻疹，心情也莫名沮喪，經常掉淚。拚命工作的這些年來，戶頭裡存了約新臺幣100萬元。她決定放自己一個長假，將這筆錢用在四個月的歐洲旅費與兩年的生活費。

▶ 充滿靈感的一人旅行

　　一個人踏上歐洲之旅，所有行程都按照自己的心去走，不刻意安排。隨時遇到新狀況、接收新訊息，且走且看很有成就感，身體狀況也漸漸恢復正常。最驚喜的是，在旅途中巧遇一位駐村藝術家朋友。

　　這位朋友帶她認識各類型的藝術家，包括插畫家、舞蹈家、聲樂家、舞臺設計師，並與他們相處了一個多月。這群人來自世界各地，訴說著對藝術和生活的想法。他們因為工作需求，時常飛往其他國家表演，忙完後會安排一個月的空檔不去接案，靜靜感受生活帶來的靈感。他們所追求的並不是薪水或職位，而是小金魚已經很久沒有看見的熱忱。

身心康復與遇見藝術家朋友，讓她從「心」思考工作與生活的意義：難道收假後只能回到職場，重新找工作，沒有其他選項了嗎？為什麼我們要活在追求年薪、買房、步入家庭的 SOP？她在旅途遇到的外國人從來不會討論人生各階段該達成的目標，而是專注在自己身上，談論自己想過的生活。但在臺灣就是不斷打拚，滿足別人的期望。

▶ 痛苦，是因為沒有選擇

結束了歐洲之旅，小金魚開始思考如何兼顧工作與生活，腦中浮現了創業的畫面、做小生意的畫面。她將所有可能性整理出四條路線：一是內部上班、二是遠距工作、三是接案、四是創業。前兩條路線難度不高，自由工作者和創業家則會遇到收入不穩定的問題。

為了測試這兩條路線的可能性，她給自己二到三年的時間，將所有商業點子付諸行動，蒐集客戶的反應和回饋，觀察自己是否享受這個過程，最後再決定發展方向。她嘗試過 IG 圖卡設計、電子報教學、舉辦讀書會、經營日更創作營等。

其中，日更創作營是聚集一群喜愛創作的朋友，彼此督促與打拚。第一屆招到一百人，第二屆則有一百八十人參加，這是所有小實驗中大家反應最熱烈的。這個商業模式更引起投資人的關注，正在討論合作可能。經過各種小實驗，小金魚最後選擇了創業這條路。

很多人之所以感到迷惘，其實是害怕失敗和閒言閒語：「這有可能嗎？」「臺灣會有這樣的工作機會嗎？」「妳難道不知道工作很難找嗎？」「妳不怕休息太久找不到工作嗎？」腦中只想著賺錢、退休，而不是花心思想像未來的生活，忘了如何讓自己在工作中得到快樂。小金魚現在的人生觀是勇於嘗試，把人生當作實驗室。**因為除了你自己，不會有人記得你的失敗。**

金融業──
40歲攜家帶眷的轉變

40歲的香港人安妮（化名）在英國念完大學後踏入金融業，在銀行擔任高階經理（Vice President）。她的先生也是金融業上班族，兩人育有兩個小孩，每天過著忙碌的生活。

英國脫歐加上疫情影響了英國金融市場。2022年的某天早上，姍姍來遲的安妮發現整個部門只剩下自己一個人，大家都沒來上班。一問之下才知道，早上的會議宣布將他們統統裁員。一切來得毫無預警，這些人在警衛和搬家公司的監視下打包自己的東西、不能碰電腦，門卡也失效——這是銀行慣用的裁員 SOP。

安妮和先生很害怕兩人同時失業。經過深度討論，他們決定以 Gap Year 的形式暫別英國，全家一起來到新國家，展開全新的生活篇章。安妮想學習新技能，好讓自己失業後也能找到溫飽的工作，老公則專心陪伴小孩適應新環境。

▶ 加拿大之章開始

他們研究了各個國家，最終鎖定加拿大。首先是加拿大能提供小孩良好的讀書環境，再來是金融業工作待遇不錯。若夫妻倆想重回耕耘多年的金融圈，這裡的薪水不會比英國差。此外，工作簽證和永久居留權也容易取得。

其中一個方法是「畢業後工作簽證」（Post Graduation Work Permit, PGWP）。只要畢業於符合資格的學院或大學即能取得此簽證，還保證畢業後能在當地從事三年的全職工作。若具備兩年高等教育與三年工作機會，便能申請永久居留權。

安妮先以最容易入手的學生簽證報名知名的喬治布朗學院（George Brown College），攻讀兩年的烘焙與糕點藝術管理（Baking and Pastry Arts Management）文憑課程，家人則以依親的方式一起到加拿大。

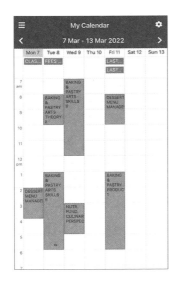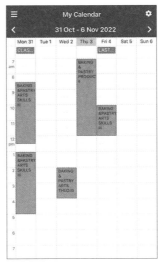

▲ 安妮的行事曆

這所學校著重實用技能的培養，每天清晨四點起床，趕搭早班公車成為安妮的新日常。從揉麵團開始，製作麵包、調製水果醬，老師一一嚴格把關。除了烘焙實務外，還有食品安全課、餐廳管理急救訓練，也要到麵包店實習。這一連串的學習，讓她的腦袋又靈活了起來，重拾扎實的生活。

▶ 認清事實，回歸職場與家庭

喬治布朗學院在學生畢業後會提供一連串的就業資源。安妮的同學來自不同背景，有的20多歲找到烘焙店主管職缺，有的選擇咖啡廳創業。看著不同年齡層的同學各自選擇未來的發展方向，她有了新的體悟。

在英國，因為工作非常忙碌，無法靜下來思考自己真正要的是什麼。為了逃離現實，匆匆忙忙來到加拿大。經過兩年的 Gap Year，徹底沉澱與充電後，她發現自己最想要的其實是陪伴孩子。雖然可以嘗試餐飲業創業，但是這個選擇可以延後執行。重新聚焦後，她回到自己熟悉的金融圈，重新展開職場生活，賺取穩定的收入提供孩子最好的教育。

建立屬於自己的心理韌性
Resilience

在異鄉遭遇挫折，你會怎麼做？

　　世界不斷在變，想保有彈性、順應變化，並從挫折中站起來，需要的是心理韌性。

　　我的個案中有一位去到英國打工度假的女生。到了當地才發現因為烏俄戰爭，俄羅斯斷了天然氣的提供，歐洲開始限電，英國也不例外。她的住處包水包電，但由於電費變得昂貴，房東為了省錢，嚴格限電，讓她在生活中遇到很多困難。

　　女生的家長很擔心她在國外受苦，建議她回家。對於這個重要問題，她無法做決定，於是找我諮詢：

　　「Sandy 老師，請問我該留下來？還是回臺灣？」

　　「妳想要什麼呢？」我反問她。

「我想跟妳一樣，可以一個人在國外生活。」

「每個人都有自己的 role model，但是變成我，妳會累死啦！」我笑著回答。

相信很多人從小就和親人朋友緊密相處，生活環境一旦出現變動，會是很大的挑戰。但是我在15歲那個網路還不發達的年代就一個人在國外生活，各種變動和離異對我來說只是換個地方睡覺。每年我都帶著行李箱轉換住處，老師常對我說：「妳怎麼拿著一個行李箱？妳又要去哪裡？」改變就是我的日常。

「留在英國會是一個人生體驗，但是如果覺得這個賭注太大，選擇一條最舒適的路──回家，讓自己感受到安全，也是一種選擇。」我說道。

聽完我的分享，她若有所思地問：「可是我沒有留下來面對，是不是就是逃避？」

要建立心理韌性，確實需要突破舒適圈，讓自己愈挫愈勇，但是每個人的時空背景不一樣。

2005 年，19 歲的我人生第一次遭遇恐怖攻擊──倫敦七七爆炸案，至少連續發生四次爆炸。當時我正要搭地鐵前往打工的地方，立刻遇上地鐵爆炸。我放棄搭車，改為步行，結果遇到路邊巴士爆炸。過程相當驚

險，當時家人非常擔心。

2011年日本發生311大地震時，我正在上班。下班後從位於六本木的公司走回我的住處西新宿，沿路遇到封路等狀況，走了四小時才回到家。我住在八樓，電梯因為地震停駛。每次發生餘震必須立刻衝下去，再爬八樓回家。後來又因為輻射疑慮，超商的礦泉水被搶購一空。我幾乎每天在超商蹲點，發現卡車是半夜三點進貨後趕緊設定鬧鐘，逼自己半夜起床買水。

在英國和日本，無論遇到多麼艱難的狀況，因為我有必須完成的目標，我選擇留下。我鍛鍊了二十六年，心理韌性已經成為我的DNA。每個人在自我探索的過程中一定會找到適合自己的修復方法。

透過學習新事物重啟自信

我的朋友Fiona（化名）和男友是感情長跑。他們從學生時期就開始交往，中間經歷過男方當兵、女方外派海外工作等短暫分離，但感情依舊穩定。她一直以為兩人的愛情堅不可摧。直到某天，她無意間看到男友的手機畫面跳出陌生女子傳來的曖昧訊息，才驚覺自己被劈

腿了！這種背叛有如晴天霹靂，讓她陷入無以名狀的悲傷與失落。

　　為了擺脫痛苦，她開始找事情轉移注意力，最後選了一個完全陌生的領域——插花，還立下考取花藝證照的目標。插花需要高度的專注和細心，或許是個逃避現實的好方法也說不定。抱著這樣的想法，她開始準備材料、研究理論，在花藝班老師的帶領下嘗試了各種花材和風格。隨著一次又一次的練習和創作，她發現自己開始重視生活中的各種細節，例如整理收納、穿搭配色，慢慢找回對生活的掌控感和自我價值。

　　那個曾經將生活重心放在感情上的自己，現在開始投入時間在生活美學上，重新思考怎麼讓自己更快樂。從一個對自己生活漠不關心的人，變成了花時間提升生活品質的人。也由於做出了一番心得，最近正思考將花藝發展成一項副業。

小心不健康的影響力
Social Media Toxicity

　　現代人的生活節奏快、壓力大，除了工作之外，社交媒體也在我們的生活中扮演了重要角色，甚至在不知不覺中影響到心理健康。我想分享幾個小故事。

英國觀察

　　疫情期間，我因為必須處理一些事，回英國一趟，也見了一些好久不見的當地朋友。

　　某次聚會，一位英國好友問道：「Sandy，妳在這段時間都在忙什麼？」

　　「妳沒看我臉書喔？我有打卡，我還出新書了耶！」我不加思索地回答。

　　「恭喜妳。」

朋友簡短的回應讓我很好奇，於是反問她：「妳沒在用社群媒體嗎？」

　　「那個很浪費時間。而且我是職場媽媽，用零碎時間做最要緊的事才是最重要的，實在沒有空閒去管別人在幹麼。」

　　好友的直爽回應讓我會心一笑。我們專心聆聽彼此的近況，談話內容充滿著互相支持的溫暖與善意。

　　另一次聚會，我和一群英國朋友相約吃飯。不同於臺灣的聚會場合，大家從頭到尾都沒拿出手機，我當然也把手機收著。後來隔壁來了一桌亞洲臉孔的客人，服務生上菜時，他們興奮地狂拍照，隨後各自滑起手機，陷入沉默。

　　英國朋友開玩笑問我：「我們是來吃飯的，不是來跟食物聊天的吧？還是妳會想拍照打卡嗎？」當然，當下我選擇跟著他們好好吃飯，專注聆聽對方說話，這樣的互動讓我進入心流狀態。

　　這兩次經驗都讓我反思自己是否過度使用社群媒體，忽略了與人好好相處的時光。回臺灣後，我進行社群斷捨離，停止關注一切不必要的資訊，避免跟風追蹤或被雜訊干擾，好好專心生活，和朋友相聚時也不再邊

滑手機邊聊社群八卦。

不一樣又怎樣？給過度關注他人的你

　　很多個案常問我：「我滑社群看到大家都在學○○，我是不是也該去上課呢？」這時我一定會反問：「你還記得上週三下午六點半，你和誰談了什麼？」「你還記得幾點幾分，誰打了卡？」對方大多需要很長的時間才能回想起當時的情境。也就是說，我們其實很難記住生活雜事。

　　雖然社群媒體讓每個人都有機會發表自己的觀點，但也有些人過度使用，陷入慢性中毒現象。我們在上面所接收的資訊都是演算法呈現的結果，應該加以驗證、判斷是否為自己需要的資訊。但諷刺的是，花過多時間驗證，相對在消耗自己的時間成本，導致思考混亂。

　　我之前因為出書獲得上節目的機會，但是討論度會隨著時間淡去。與其過度關注他人，或在乎自己在別人心中留下什麼印象，我更重視每個當下的體驗和感受，例如與主持人的對話增進臨場反應，這些更值得我學習與珍惜。

3 步驟提升身心健康 By 許景琦院長

▸ **斷開（Disconnect）**：先從日常壓力和煩惱中跳脫出來。例如練習瑜伽、冥想、深呼吸，或暫時不碰手機和電腦。前面提到我參加演員班訓練自己入戲與下戲的切換能力，也是一種斷開的方式。

▸ **重置（Reset）**：讓內心平靜下來。可以透過寫日記、設定新目標、改變生活習慣等方法。

▸ **重新連接（Reconnect）**：重新和周圍的人、外面的世界建立連結。可以藉由社交活動探索讓自己感到有意義的興趣和工作。

Chapter.4

Call to Action

深度聚焦的行動計畫

轉型方程式
Transformation Equation

> 你也有過制定好行動計畫，結果半途而廢的經驗嗎？
> 或許是執行難度太高，又或是只單純模仿 role model
> 的路徑。想落實行動計畫，幫助自己改變，第一個要
> 做的是釐清動機和價值觀，聚焦目標與所需技能，再
> 透過差距分析（Gap Analysis），制定專屬於自己的
> 行動計畫，並在執行過程中持續優化。

為自己量身訂做蛻變旅程

海外企業正積極進行內部人才的技能重塑（Re-skilling）與技能提升（Upskilling）。前者是培訓所有員工跟上企業導入的新技術或新系統，後者則是針對未來潛力幹部名單進行培訓。但假設你的所屬企業規模偏

小，沒有提供任何培訓計畫，又該如何自我成長呢？又或者你正在找工作，看到心動的職缺，該如何得到這份工作呢？

我很喜歡把 A 理論應用在 B 場合上，工具和方法雖然是固定的，但人是靈活的。技能重塑和技能提升雖然是資方用來培訓員工的概念，但工作者可以反向運用在自己身上，制定計畫，主動出擊。

以下便是我結合了工作者與企業主觀點所設計的**轉型方程式**：

（你想要什麼＋價值觀排序＋技能組合）×趨勢×國家

接下來的章節會陸續詳述做法，同時舉出案例，帶領你一一實作，找出轉型的方向。

你想要什麼？
What do you want?

　　首先，請靜下心來思考你要的究竟是什麼？是創業？接案？休息充電？還是繼續在公司體制奮鬥？

　　有些人或許會覺得：「想要什麼不是很簡單嗎？這有什麼好思考的？」但我常遇到個案表示工作很無趣、討厭同事而想換工作，但深入挖掘後，真正原因往往另有其他。所以採取行動前，一定要問自己想要什麼，並且找出為什麼，也就是釐清真正動機，接著才去細想下一步。

 CASE 28 我想要轉職成為獵頭 ×
心智圖

　　我的第一步是思考「成為獵頭的動機」：

▲ 成為獵頭的動機×心智圖

　　找出成為獵頭的具體理由後,第二步是思考「獵頭的職涯發展」。除了獵頭一職,又可以從事什麼樣的工作?能否發展副業?是否有創業的可能?找出各種可能性,以免把路走窄了。

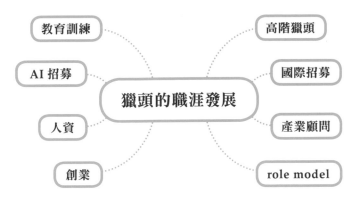

▲ 獵頭的職涯發展×心智圖

第三步是列出獵頭具備的所有技能，思考各項技能又能對應到什麼工作，我稱之為「可轉移的技能」：

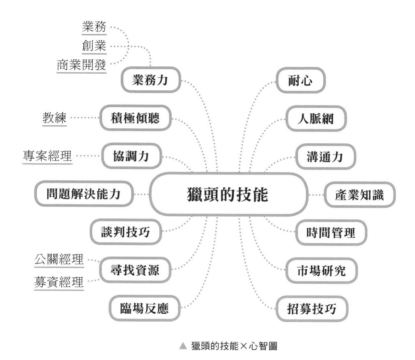

▲ 獵頭的技能×心智圖

上述步驟將「我想要轉職成為獵頭」拆成三階段，鉅細靡遺地探索動機，同時思考未來發展的可能性。

我想要經營副業×
心智圖

以下再舉幾個常見案例。

針對「我想要經營副業」，除了探索內在動機外，還有多種面向需要思考，例如現有技能、待補技能、如何分配時間、變現的商業模式為何、無法達成的話是否有替代方案等：

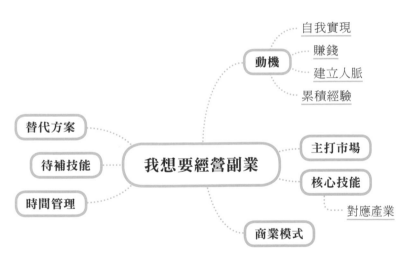

▲ 我想要經營副業×心智圖

我想要高薪工作×
心智圖

　　「我想要高薪工作」也是很多人的目標。除了動機和
目的，更重要的是定義何謂「高薪」，接著盤點現有技
能，列出高薪職缺的必備技能，進行差距分析，同時思
考如何採取行動：

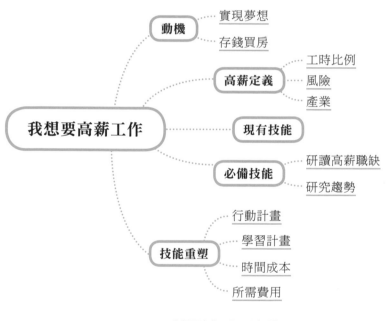

　　　　動機　　　實現夢想
　　　　　　　　　存錢買房

　　　　　　　　　　工時比例
　　　　高薪定義　　風險
　　　　　　　　　　產業

我想要高薪工作　　現有技能

　　　　　　　　　研讀高薪職缺
　　　　必備技能
　　　　　　　　　研究趨勢

　　　　　　　　行動計畫
　　　　　　　　學習計畫
　　　　技能重塑
　　　　　　　　時間成本
　　　　　　　　所需費用

▲ 我想要高薪工作×心智圖

10種價值觀排序
Find Your Core Values

　　釐清想要什麼之後，第二步是選出你認為最重要的十種價值觀，並且進行排序[16]。

　　假設你特別看重工作與生活平衡，可能會選擇混合辦公的模式。如果你尋求挑戰和改變，新創公司的企業文化可能更合適你。如果你偏好穩定，那麼傳統的職業道路或許更符合你的需求。

頭銜	團隊精神	里程碑	冒險	突破框架
安全感	挑戰	公私分明	務實	秩序

16　來自專門培訓職涯諮詢師的職游公司創辦人陳韋丞、江湖人稱 S 姐，以及我所共同開發的「職涯投資牌卡」中的價值牌組。

變化	獨處	健康	歸屬感	效率
幫助 他人成長	解決 他人問題	穩定	認可	正向
成就感	工作與 生活平衡	流程與 規範清楚	品質	獨立自主
發揮專業	持續進步	目標與 方向明確	美感 與藝術	舞臺
社會地位	政治理念	權威	尊重	負責
誠實	金錢回報	發揮空間	自我提升	貢獻
果決	信任	和平	隱私	公平
職業道德	信仰	家庭	多元共融	學習機會
尊重	國際觀	回饋社會	自在舒適	正義感

▲ 價值觀清單

3種軟性技能×
1項專業技能

Soft Skills and Hard Skills

透過心智圖與價值觀檢視後，第三步是盤點技能。選出自己擅長的三種「軟性技能」，再鎖定一項無人可取代的「專業技能」，也就是硬性技能：

自動自發 Initiative	批判思考 Critical Thinking	專業人脈網 Professional Networking	狼性 Aggressive
團隊合作 Collaboration	溝通力 Communication	複雜問題解決能力 Complex Problem Solving	談判技巧 Negotiation
適應力 Adaptability	科技設計 Technology Design	程式設計 Programming	情商 Emotional Intelligence

邏輯推理 Reasoning	創新 Innovation	教練學 Coaching	故事力 Storytelling
分析思維 Analytical Thinking	創意思考 Creative Thinking	心理韌性 Resilience	靈活、彈性 Flexibility
敏捷 Agility	熱忱 Motivation	自我覺察 Self-awareness	好奇心 Curiosity
終身學習 Lifelong Learning	科技素養 Technological Literacy	獨立作業 Dependability	關注細節 Attention to Detail
同理心 Empathy	積極傾聽 Active Listening	領導力 Leadership	社會影響力 Social Influence
品質管理 Quality Control	多國語言能力 Multi-lingualism	表達力 Expression Skill	網路資安 Networks and Cybersecurity
使用者體驗設計 Design and User Experience	衝突管理 Conflict Management	策略思維 Strategic Thinking	成長型思維 Growth Mindset
商業智慧 Business Intelligence	備案能力 Have Plan A, B, and Z	危機處理 Risk Management	協調力 Coordination Skill

整合力 Consolidation Skill	創業思維 Entrepreneurship	察言觀色 Reading the Air	時間管理 Time Management
壓力管理 Stress Management	資源豐富 Resourcefulness	決策 Decision-making	心態開放 Openness
持續試驗 Experimentation	數據分析 Data Analysis	機器學習 Machine Learning	簡報力 Presentation Skill

▲ 技能清單[17]

　　前陣子一家美國公司將手藝靈巧、關注細節視為製造高端鏡頭所需技能，聘請壽司師傅和美甲師[18]。如今，大學文憑、過去經驗不見得適用於新職場，LinkedIn 刊登的職缺中不要求學歷的比例在 2022 年增長近四成，**「技能招募」（Hiring for Skills）成為新趨勢**[19]。

17　統整自《2030 轉職地圖》、世界經濟論壇《2023 年未來就業報告》，以及面試官常用來評估應徵者的技能。

18　（2023）「培育第一線員工，促進公司發展」（Empower the front line for a thriving organization）麥肯錫。

19　（2023）《2024 年人才招募趨勢》（*Talent Acquisition Trends 2024*）光輝國際。

CASE
31

航空業空服員 →
科技業人資助理

　　以下是一間科技公司開出的人資助理職缺，右欄是其職務內容，大家可以對比一下左欄：

傳統招募	技能招募
必要條件 – 人力資源或相關科系學士學位。 – 1 至 2 年人資相關工作經驗，應屆畢業生亦可。 – 熟稔 Excel 和 Word。 – 保持高度職業道德，能保護員工個人隱私。 – 主動積極，能適應步調快的工作環境。 – 執行其他主管交辦事項。 **工作內容** – 維護員工資料，包括人事檔案、出缺勤紀錄、休假計算等。 – 協助導入人資政策。	**必要條件** – 學經歷不拘。 – 歡迎身心障礙者應徵，協助公司推動 DEI 政策。 – 具備溝通力。 – 具備協調力。 – 有高度學習熱忱。 **工作內容** – 維護員工資料，包括人事檔案、出缺勤紀錄、休假計算等。 – 協助導入人資政策。

▲ 人資助理職務內容

最後，這間公司錄取一名持有障礙手冊（某重要器官失能）、中英文能力流暢、具五年空服員經驗者。錄取主因是這位人選 EQ 高、能即時解決客戶的問題、有服務高端客戶與危機處理的經驗。

CASE 32 喜劇圈演員 → 影視業客服專員

一位節目製作公司總經理在某場喜劇表演認識斯奎（化名），對他的社交能力和幽默性格印象深刻。

兩人在後臺互相交流後，總經理得知斯奎主要以接案維生，收入不太穩定，於是邀請他進公司擔任客服專員，平日晚上和假日可以繼續做表演工作。總經理看重他的以下技能：

1. 溝通力：**邏輯清晰**、表達力**佳**。
2. 反應速度：**面對問題能快速思考，進而提供解決方案。**
3. 抗壓性：**在高壓環境下也能保持冷靜。**
4. 同理心：**能換位思考。**

斯奎的舞臺表演經驗讓他與客戶應對時，能用幽默感化解緊張氛圍，提高客戶滿意度。工作表現出色的他，半年後開始帶新人。後來團隊表現優異，年薪也因此提高。斯奎沒有「典型」的在職經驗，但因為公司採用技能招募，讓他獲得不同領域的工作機會。

 大型集團資安工程師 → 新創公司資安長

CASE 33

37 歲的小歐（化名）本來在大集團擔任資安工程師。雖然工作穩定，但是公司的企業文化保守，加薪取決於年資，而不是成果。為了讓薪水有所突破，他決定中年轉職。

找工作的過程中，小歐收到獵頭的聯繫，邀請他應徵新創公司資安長，薪水漲幅高達 50％。一般來說，資安長需要十年以上相關經歷，僅六年資歷的他感到十分意外。獵頭告訴他現在企業重視的是工作者的技能，建議他抱持心態開放，勇於嘗試。

他自我盤點後，針對職缺需求撰寫履歷，最後成功拿下資安長的工作。

技能招募	小歐的履歷
必要條件 － 10年以上資安與專案管理經驗。 － 熟悉全球資安標準和執行方法。 － 溝通力佳，能清楚解釋技術問題給非技術背景人士。 － 英語能力佳，能與國際團隊合作。 **加分條件** － CISSP、CISM、PMP 證照。 － 適應快節奏的工作環境。 **工作內容** － 國際全遠距模式，管理範圍含臺灣、香港、上海。 － 建立與維護關鍵資訊基礎設施。 － 定期與高層溝通，制定資安策略。 － 進行專案管理，從起始、規畫、執行、監控到結束，並在預算內完成。 － 進行內部資安教育訓練，並對非技術背景出身的高層解釋技術問題。 － 負責部門團隊營運、人員考核與培訓。	－ 具備6年維護公司的防毒軟體、入侵防禦系統（IPS）、網站應用程式防火牆（WAF）、虛擬私人網路（VPN）經驗，並處理公司內所有類型的安全事件。 － 盤點與評估資安專案，提出符合高層策略的改善建議。 － 規畫專案流程，與跨部門團隊溝通協調，完成目標。 － 對專案進行細分，提出創新的解決方案以增強專案層次。 － 持續進修資安技術和專案管理能力，增強專業技能。

▲ 資安長職務內容 vs. 小歐的履歷

技能招募新模式

　　值得一提的是，海外企業也開始採用嶄新的筆試與面試內容，找出有關鍵技能的人才。最知名的就是麥肯錫以「問題解決遊戲」（Problem Solving Game, PSG）取代傳統筆試。PSG 是線上電玩，其中一款以生態為主題，玩家必須在時限內打造出一條食物鏈。麥肯錫會從玩家的破關過程評估批判思考、數據決策（Data Decision Making）、後設認知（Meta-cognition）等技能，從中篩選可進到面試的人選。

　　日本通信系統服務公司 Startia 採用「麻將徵才」，考驗求職者的邏輯推理和商業智慧。這個階段沒有面試官參與，所有應徵者、Startia 員工、職業選手都全神貫注在麻將桌上彼此競賽，優勝者可進到面試。

　　日本科技業新創公司 trustring 更採用桌遊「狼人殺」來徵才。特別的是，這家公司的企業文化也非常開放。如果喝酒喝到隔天宿醉，中午前可休有薪假；喝太醉結果弄丟眼鏡，公司會補助 1 萬日圓，一年有兩次申請機會；自己支持的偶像宣布結婚或引退等大事，也可申請有薪假。

科技業售前工程師
×九宮格

　　九宮格是一種很好的輔助工具，能從小處著手，幫助自己聚焦。

　　在科技公司擔任工程師的喬（化名）想成為售前工程師（Pre-sales）。他畫出九宮格，最中間填上目標職位售前工程師，由此延伸出八大項：產品知識、專業人脈網、軟體業經驗、訪談需求、獨特性、語言能力、產業知識、溝通力，這些是必須精進的領域。

溝通力	產品 知識	專業 人脈網
產業 知識	**售前 工程師**	軟體業 經驗
語言 能力	獨特性	需求 訪談

▲ 售前工程師 9 宮格初版

　　他先從產業知識著手，列出可能需要售前工程師的

產業：

一	金融業	醫療業
一	**產業知識**	傳產
科技業	電商	網路業

▲ 產業知識 9 宮格

　　各產業使用的系統不同，科技業和傳產需要 ERP 管理物料，金融業和電商則需要 CRM 管理會員：

AI	POS系統	ERP系統
行銷科技	**產品知識**	雲端服務
ESG	區塊鏈	CRM系統

▲ 產品知識 9 宮格

分析完產業和產品後就是所需技能。

售前工程師除了要懂技術之外還必須具備銷售能力，所以最重要的軟性技能是溝通力，專業技能則是訪談需求：

故事力	簡報力	理解力
—	**溝通力**	問題解決能力
—	引導客戶的能力	延續話題的能力

▲ 溝通力 9 宮格

提報力	提問力	POC
—	**訪談需求**	—
—	—	—

▲ 訪談需求 9 宮格

另一項重要的軟性技能是專業人脈網，也是喬的學習管道。例如加入《華爾街日報》讀書會，與來自各行各業的學員交流商業心得，了解不同產業的市場趨勢和實際需求。由於讀書會規定必須以簡報發表，他從一個不知如何規畫簡報架構，也不擅長自我表達的工程師，透過一次又一次的練習，逐漸能在人群前侃侃而談，做出有條理的簡報。

顧問 社群	業務 社群	—
商業思維 學院	**專業 人脈網**	—
《華爾街 日報》 讀書會	程式圈 朋友	—

▲ 專業人脈網 9 宮格

　　畫好初版的九宮格後，喬不斷更新進度、進行復盤。
他發現應該將軟性技能聚焦在「業務力」，而專業技能
鎖定在「專案管理」。此外，軟體業經驗也可以收斂為
「解決方案」，於是做出了以下調整：

業務力	產品 知識	專業 人脈網
產業 知識	**售前 工程師**	解決 方案
語言 能力	獨特性	專案 管理

▲ 售前工程師 9 宮格優化版

這三項的九宮格個別如下：

數字 評估	陌生 開發	顧客 分析
談判 技巧	**業務力**	利害 關係人 分析
情報 蒐集	客戶 經營	外部夥伴 經營

▲ 業務力 9 宮格

資源 管理	協調力	—
成本 控管	**專案 管理**	—
客戶 追蹤	時程 管理	—

▲ 專案管理 9 宮格

市場 分析	痛點 分析	關鍵人物 訪談
產業 分析	**解決 方案**	—
資料 蒐集	邏輯 推理	—

▲ 解決方案 9 宮格

　　經過多次調整，喬成功拿到售前工程師的工作。讓我們再看一次他的九宮格完整版。

數字評估	陌生開發	顧客分析	AI	POS系統	ERP系統
談判技巧	**業務力**	利害關係人分析	行銷科技	**產品知識**	雲端服務
情報蒐集	客戶經營	外部夥伴經營	ESG	區塊鏈	CRM系統
—	金融業	**醫療業**	業務力	產品知識	專業人脈網
—	**產業知識**	傳產	產業知識	**售前工程師**	解決方案
科技業	電商	網路業	語言能力	獨特性	專案管理
中文	臺語	英文	分析規畫	專業技能	心態開放
—	**語言能力**	日文	—	**獨特性**	快速學習
—	—	—	—	—	—

▲ 售前工程師 9 宮格完整版

顧問社群	業務社群	—
商業思維學院	**專業人脈網**	—
《華爾街日報》讀書會	程式圈朋友	—

市場分析	痛點分析	關鍵人物訪談
產業分析	**解決方案**	—
資料蒐集	邏輯推理	—

資源管理	協調力	—
成本控管	**專案管理**	—
客戶追蹤	時程管理	—

	項目
1	產品知識
2	專業人脈網
3	解決方案
4	專案管理
5	獨特性
6	語言能力
7	產業知識
8	業務力

▲ 主要項目（順時針序）

CASE
35

顧問公司策略管理顧問
×差距分析表

企業在面試時，通常會用下表評估求職者：

職務內容	技能／特質	分類	評分	結果

▲ 企業方的面試評分表

工作者可以將這個概念反向運用在自己身上：

工作經歷	技能／特質	分類	差距分析	行動計畫

▲ 工作者的差距分析表

　　John（化名）目前是大型銀行的數位金融商業分析師（Business Analyst）兼專案經理，年薪150萬。他想讓薪水更上一層樓，所以計畫轉職。他鎖定目標職缺為顧問公司的策略管理首席顧問（Principal Consultant），年薪300萬。

首先，John 列出策略管理首席顧問的職務內容，以面試官的角度客觀分析必須具備的技能。接著，填上自己的工作經歷與技能，對照目標職缺進行差距分析，制定行動計畫，彌補差距。

差距分析的思考重點

▶ 現有技能有哪些？

▶ 目標職缺的必備技能有哪些？

▶ 鎖定需要提升的技能，進行排序，同時標示緊急程度，避免焦慮學習。

▶ 盤點學習資源或管道（如證照班、研討會、工作坊、線上資源 Coursera 或 LinkedIn Learning 等）。

▶ 評估整體投資報酬率（如時間、金錢等）。

▶ 評估個人能耐和心理韌性。

▶ 反覆思考行動計畫的可行性。

▶ 從國際人才市場再次檢視未來發展性。

▶ 再次確定目標職缺是自己真正要走的路。

▶ 是否有無法達成目標的後路？

▶ 定期復盤，更新行動計畫。

職務內容	技能／特質	
有專案交付的經驗（如設計營運模式）。	企業諮詢方法	
能分析與解決客戶的問題，提供高品質服務。	分析思維	
	問題解決能力	
針對關鍵業務流程進行創新、設計、轉型、實踐、管理，提供客戶策略面的影響。	創新（端對端數位化）	
善用專業領域知識協助客戶建構策略。	領域知識	
以前瞻案研究實踐營運策略。	個案研究	
	故事力	
外向性格，可團隊合作或跨領域／跨部門合作。	外向	
	團隊合作	
有高端客戶服務經驗。	責任感	
	客戶第一	
精通中英文。	外語能力	

▲ John 的目標職缺表

	分類	評分	結果
	專業技能（非 IT）		
	軟性技能		
	軟性技能		
	專業技能（非 IT）		
	專業技能（IT 和非 IT）		
	專業技能（非 IT）		
	軟性技能		
	人格特質		
	軟性技能		
	人格特質		
	軟性技能		

工作經歷	技能／特質	
－ 任職於大型銀行的商業分析師兼專案經理，熟悉個人金融、數位金融、核心系統轉型。負責專案有 Bank 3.0、數位轉型、自動化設備服務暨流程優化、數位分行、核心轉型等。	領域知識	
－ 擁有豐富的新興金融科技經驗，包含使用者體驗、風險管理、合規審查，負責專案有數位帳戶、無卡服務等。	專案管理	
－ 統整數位轉型與核心轉型專案的共通痛點，與跨部門共同提出線上線下一站式服務體驗等解決方案。	企業諮詢方法	
用 Excel 和 PowerPoint 進行使用者行為分析、競爭者分析、專案 KPI 設定與追蹤，提出改善方案。	商業分析	
精通金融數位化和銀行作業流程改善、創新、導入，協調內部 IT 資源，推動團隊變革，落實數位化。	創新（端對端數位化）	
理解 SQL、.Net 語法，能快速定位問題和解 bug。	系統分析	
定期於公司內部分享大型專案合作模式、執行方法、成果。	故事力	
中文母語、英文流利、廣東話流利、西班牙文略懂、德文略懂。	多國語言能力	
	快速學習	
3個月內即掌握1至2項系統領域知識，擔任主要負責人，進行內外部溝通，加速專案進程。	責任感	
	熱愛工作	
自我提醒		

▲ John 的差距分析表

分類	差距分析	行動計畫
專業技能（IT 和非 IT）	1	－ 研究近期的保險金融、財富管理報告。 － 爭取1至2項特定主題的內外部大型專案曝光機會。 － 整理作品集。
專業技能（非 IT）	1	
專業技能（非 IT）	0	－ 透過日常工作持續鍛鍊敏銳度。 － 記錄分析過程，練習說明和舉例。
專業技能（非 IT）	1.5	將商業分析工具應用於現職工作。
專業技能（非 IT）	1.5	對流程數位化工具有更多異業應用。
專業技能（IT）	2.5	－ 深入理解 SQL、.Net，看程式即可與工程師溝通。 － 學習 AI、雲端，考取入門證照。
軟性技能	0	整理作品集。
軟性技能	0	持續練習口語與商用寫作、簡報技巧。
軟性技能	0	—
人格特質	0	—
人格特質	0	—
設定短期、中期、長期目標		

對照趨勢與國家
Trend and Country

 新創公司 Web 2.0 商業開發經理
→ Web 3.0 業務總監

　　個性外向的 Tony（化名）原本在新創公司擔任商業開發，主要工作是向連鎖餐飲店推廣自家的會員管理 App。他曾在三年內拿下一百多家客戶訂單，晉升為經理，累積了十年的陌生開發經驗。

區塊鏈 × 新加坡

　　2017 年，加密貨幣熱潮讓 Tony 開始關注 Web 3.0，了解到區塊鏈技術積極應用在醫療科技、農業科技、資安，改善人們的生活，符合他喜歡幫助人解決問題的價

值觀。他以多年的陌生開發經驗轉職到一間提供區塊鏈解決方案的新創公司擔任業務總監。

　　這間公司的主要業務是推廣數位認證，例如醫療的數位病例、學術界的學歷認證，以及需要數位憑證的各大企業。他帶領業務團隊改善客戶開發流程，不斷提高訂單成交率。

　　在 Web 3.0 市場，新加坡政府宣布加速將數位資產帶進金融市場，因此新加坡的區塊鏈工作機會比臺灣來得更多。Tony 的下一步目標是進到海外企業，期望自己有更多發展。

職涯旅程地圖 × Career Roadmap
自主學習計畫　　Learning Plan

　　完成上述四個步驟後,透過「職涯旅程地圖」和「自主學習計畫」能更有效達成目標。

　　職涯旅程地圖是將想達成的目標(最終目標)拆解成各階段的小目標,清楚定位自己現在在哪裡、想要去哪裡,以及如何達成。各階段的小目標都是在幫助我們不斷聚焦,往下個停靠站前進。此外,專注目標的同時也可以適度保留待確認空間,讓自己能隨時調整。

　　自主學習計畫則是對應職涯旅程地圖的明確學習進度表。最重要的是,確認市場需求、所需時間與費用,優先選擇能帶來最大投資回報的學習目標,學習的同時觀察自己能否在工作上有所應用,也不忘了思考假使轉換跑道,這些所學能否運用到新的工作,建立持續試驗和終生學習的習慣。

	已完成	目前	停靠站1	停靠站2	最終目標
職務					
待遇					
對應產業					
分布地區					
所需技能					
所需證照					
所需時間					

▲ 職涯旅程地圖

學習目標	學習內容	實際行動	成果應用	完成期限	所需費用

▲ 自主學習計畫

NGO 社工
→ 營建業專案經理

　　28歲的娜恩（化名）目前是營建業專案工程師。她說自己其實是誤打誤撞進到這個產業，從未想過工作環境會是工地。

　　文科出身的她畢業後的第一份工作是在 NGO 擔任社工。雖然喜歡從事與人有關的工作，但卻也遇到許多挫折。首先是這份工作必須時常面對沉重的社會議題，她感到內心愈來愈難承受。調薪幅度小也是個很現實的問題，於是娜恩決定轉行。

　　她先是在求職網站上尋找較好入門的工作，一家大型營造建設公司正好開出工程師助理的職缺，她也順利錄取這份工作。她從最基本的行政文書開始做起，例如工地拍照、公文簽核分發、工程資料彙整建檔等。一年多後開始接觸監造單位，參與專案協調、工程計價，培養領域知識，也磨練出溝通力與整合力。

　　態度積極、樂於解決問題的特質讓她從小助理晉升為專員，正式參與工地監工、材料掌控、工程指揮，學習獨立作業。

從第一份社工工作轉職到目前的專案工程師，年薪整整翻了一倍。她看見臺灣營建業持續缺工，想進一步在業界深耕，讓職位和薪水不斷往上升。

　　娜恩的轉型方程式如下：

STEP 1 ── 你想要什麼？

成為營建業工程領域專家。

STEP 2 ── 價值觀排序

成就感、發揮專業、自我提升、學習機會、國際觀、信任、秩序、安全感、務實、獨立自主。

STEP 3 ── 技能組合

（溝通力 + 學習力 + 整合力）× 公共品質管理。

STEP 4 ── 趨勢與國家

臺灣營建業缺工。

　　她也設定了自己的職涯旅程地圖與自主學習計畫：

	已完成	目前	
職務	專員	專案工程師	
月薪	2.7萬	5萬	
對應產業	營建		
分布地區	國內		
所需技能	－ 數據分析 － 溝通力 － 整合力 － AutoCAD	－ 問題解決能力 － 抗壓性 － 團隊合作 － 專案管理	
所需證照	多益700	國際專案管理師 （PMP）	
所需時間	1年	2.5年	

▲ 娜思的職涯旅程地圖

	停靠站 1	停靠站 2	最終目標
	小主管	—[20]	專案經理
	7萬	—	10萬
	− 領導力 − 溝通力 − 策略思維 − 公共品質管理	—	− 成本結算 − 工務規畫 − 風險管理等
	職業安全衛生 管理技術士	—	多益800
	2.5年	—	—

---

[20] 保留待確認空間，隨時調整與修正。

學習目標	學習內容	實際行動	
AutoCAD	－ 操作流程 － 繪圖邏輯 － 專有名詞	－ 上職訓課程 － 上線上課程 － 考證照	
PMP	－ 專案管理邏輯 － 瀑布式專案 － 敏捷式專案 － 混合式專案	－ 上專業證照課程 － 累積3年4,500小時 　的專案經驗	
多益800	－ 聽力 － 閱讀	－ 上線上課程（海外） － 補習	
職業安全衛生 管理技術士	《職業安全衛生法》	－ 上職訓證照課程 － 考證照	
溝通力	－ 表達力 － 邏輯推理	－ 參加公眾演說與口語 　表達工作坊 － 持續練習	
營建管理碩士 在職專班	－ 專案成本 － 人力資源 － 品質、風險、時程 － 採購合約管理等	－ 準備書審等報名資料 － 結合未來工作目標思 　考碩士論文題目	

▲ 娜恩的自主學習計畫

	成果應用	完成期限	所需費用
	− 與相關單位討論設計 − 產出圖	1 年	1 萬
	− 追蹤時程 − 成為國際專案管理師	2 年	5 萬
	進行英語會議	3 年	3 萬
	協助廠商提升工安	2 年	1.5 萬
	− 在會議上精準表達 − 跨部門溝通	1 年	6,000
	與工地現場人員溝通， 安排進度	3 年	30 萬

CASE
38

加密貨幣業行銷經理 →
國際全遠距工作者

　　30歲的 Amanda（化名）目前在臺灣的加密貨幣公司擔任行銷經理。

　　企管系畢業的她原本任職於金融科技公司，負責資安商品的行銷工作，進而接觸到區塊鏈技術。這段工作經驗讓她對加密貨幣世界充滿興趣，開啟踏上這個產業的旅程。

　　她先以行銷專業進到媒體業，擔任數位貨幣行銷經理，一步步累積領域知識，再進到現職公司。然而，愈是深入研究加密貨幣產業，愈是發現臺灣的發展十分有限，讓她萌生前往杜拜或新加坡工作的念頭。

　　同行的男友非常支持她，鼓勵她去海外追求自己的理想，無須有所牽掛。Amanda 雖然很感謝男友的力挺，但畢竟遠赴海外工作是人生大事，也會為兩人的相處增添難度。

　　最後，她決定將海外發展當作短期跳板，累積一定國際工作經驗後，再以國際全遠距的形式，回到最熟悉的臺灣，和男友結婚，建立家庭。

Amanda 的轉型方程式如下：

STEP 1 —— 你想要什麼？

成為國際全遠距工作者，擁有國際工作經驗。

STEP 2 —— 價值觀排序

國際觀、自我提升、挑戰、學習機會、金錢回報、發揮專業、家庭[21]。

STEP 3 —— 技能組合

（故事力 + 創意思考 + 終身學習）× 數位行銷。

STEP 4 —— 趨勢與國家

科技、元宇宙在海外正夯。

她的職涯旅程地圖與自主學習計畫則如下：

21　價值觀不一定要選滿十個，但建議至少挑出五個來做平衡，以避免太過極端。

	已完成	已完成	
職務	產品行銷經理	加密貨幣行銷經理	
年薪	2.2萬美元	2.5萬美元	
對應產業	金融科技	媒體	
分布地區	臺灣		
所需技能	－ 市場調查 － 快速學習 － 創意思考	－ 數據分析 － 創意思考 － 文案力	
所需證照	無	無	
所需時間	1 年	2.5 年	

▲ Amanda 的職涯旅程地圖

學習目標	學習內容	實際行動	
多益800	－ 聽力 － 閱讀	－ 上線上課程 － 參加讀書會	

▲ Amanda 的自主學習計畫[22]

	目前	停靠站	最終目標
	行銷經理	行銷總監	國際全遠距工作者
	3萬美元	—	—
	加密貨幣	加密貨幣	加密貨幣
		杜拜	—
	− 技術文案 − 內容行銷 − 網站 SEO	英語能力等	英語能力等
	無	多益800	多益800
	2.5 年	—	—

	成果應用	完成期限	所需費用
	能口語表達	3年	3萬

22　Amanda 評估個人情況，傾向集中資源和精力在一項目標，再慢慢探索後續的學習規畫。

面試反問法 Questioning Power

　　終於進到目標職缺的面試階段。面試中最重要的是確認公司的企業文化、發展方向是否與自己的價值觀、個人目標相近。在傳統面試中，我們努力包裝自己以獲得好的工作機會，但當一切回歸到工作者身上時，該如何掌握面試主導權呢？

　　《麥肯錫季刊》（*McKinsey Quarterly*）中有一篇寫給企業方的文章，雖然是在疫情期間發表，但是很具啟發性。裡面寫到，企業若要在未知環境中尋找解方，必須具備以下六種問題解決心態[23]：

1. 好奇心（Ever-curious）
2. 不完美主義（Imperfectionist, Ambiguity）
3. 複眼視角（Dragonfly-eye）

4. 對症下藥（Occurrent Behavior）

5. 集體智慧（Collective Intelligence）

6. 表達力與故事力（Show and Tell）

面試就是一種充滿未知與不確定的環境，求職者可以將上述的企業方心態應用在面試反問中：

1. **好奇心**：了解公司的核心理念、企業文化、未來發展方向、工作細節。

2. **不完美主義**：試探公司面對問題或突發狀況時，能否靈活應對。

3. **複眼視角**：評估公司是否鼓勵多元思維和創新。

4. **對症下藥**：判斷公司是否為行動導向，注重問題解決能力。

5. **集體智慧**：了解公司的團隊合作情況、是否有知識分享文化。

---

23 （2020）〈非常不確定時期的 6 種問題解決心態〉（*Six problem-solving mindsets for very uncertain times*）《麥肯錫季刊》（*McKinsey Quarterly*）。

6. 表達力與故事力：用故事包裝情境題，觀察資方
如何應對。

進一步將這六種心態應用在面試反問中，可以深入
了解公司和職缺是否真正適合自己，破解資方陷阱，避
免踩雷（記得依照面試情境調整用詞和語氣）：

1. 用「好奇心」反問
請問貴公司會舉辦哪些內部工作坊呢？為什麼這
樣的活動很重要？從 DEI 的角度來看，貴公司會
期待員工未來有哪些發展呢？

2. 用「不完美主義」反問
假如客戶反覆修改專案，請問管理職會如何看待
這件事的責任歸屬？能否適度給予同事空間去解
決問題？

3. 用「複眼視角」反問
如果想讓員工多多發表意見，會用什麼方法鼓勵
大家呢？曾經採納過反面意見嗎？

4. 用「對症下藥」反問

當遇到突發狀況，公司會如何培育員工找出解決方案？

5. 用「集體智慧」反問

可否舉管理職協助同事進行跨部門合作的案例？

6. 用「表達力與故事力」反問

我看過一篇商業報導提到，在職場上，問題解決能力和說故事的能力同等重要，主管們會如何期待員工用故事力解決問題？

用這個方法可以結合個人價值觀、生涯規畫，問出自己的未來路，做自己的職場伯樂。

面試是主觀的，你的答案可能我喜歡，但我的同事可能不認同。所以，與其全力猜測對方想問什麼、想聽什麼，不如準備自己真正想知道的問題，判斷對方是否為理想的合作夥伴。

情境	例題	
價值觀	請問這個職缺的業務範圍和目標？	
技能	貴公司對於沒有相關產業經驗的員工，會如何引導他快速上手工作？	
自我成長	請問公司內部有哪些跨職能學習的機會？	
文化契合度	請問部門主管會如何回應同事表達不一樣的意見？	
開放性思維	當員工在工作中卡關，主管會如何帶領他解決問題？	

▲ 面試反問檢核表

問題背後的 目的	對方答案 是否符合期待	對我的正負面影響
工作與生活平衡	Y	兼顧生活品質和業績獎金。
	N	思考身心能否負荷。
員工培育	Y	安排每年的自主學習計畫。
	N	思考能否駕馭工作。
新技能培養	Y	增添新技能。
	N	失去轉職、加薪或斜槓的機會。
話語權	Y	磨練表達力、察言觀色的能力。
	N	沒有話語權。
領導風格	Y	增進面對不同領導風格的適應力和自主思考的能力。
	N	成長型思維受限。

你是「人隸」還是「人財」？
Be a Slave or a Valuable Talent?

　　這幾年來，我最常遇到個案問我：「為什麼我這麼努力還是沒被看見？」職場上有很多難題，特別是人事問題，有些是長期的利害關係，例如 A 靠 B 拉攏關係，B 靠 C 牽線，複雜且難解的共犯架構恐怕只有核心團隊才會理解。

　　在權力的遊戲裡，老闆或許看見你的努力，但對他來說，如果另個人可以為他提供更多價值，他會選擇那個人，而不是你，就像很多企業會安插自己的親戚進入組織擔任重要幹部。**你不是沒被看到，只是沒有在這局被選上而已。**

　　我們無法避開人事問題，我們可以做的是以「自己」為中心，思考如何從老闆身上得到資源，讓自己未來被更多雇主看見。

再次確認內心聲音（入職前）

▶ 這份工作真的是我要的嗎？

▶ 我能從這份工作帶走什麼？

▶ 我了解這間公司的加薪升遷制度了嗎？

▶ 這個主管是我想跟隨的嗎？

▶ 這份工作對我的下一份工作有幫助嗎？

再次確認內心聲音（在職期間）

▶ 我是不是做了額外的工作？這是我的責任嗎？我是不是成為工具人了？

▶ 我已經努力了○年還是沒被看見，是否該離開了？

▶ 我已經學不到新東西，是否該離開了？

▶ 我受夠了人事問題，是否該離開了？

▶ 我發現我愈來愈不開心，是否該離開了？

Chapter.5

Case Studies

從別人的故事，
找到改變的力量

教育創業家 Lara
──俄羅斯→中國→臺灣→俄羅斯→杜拜

> 旅居海外多年的 Lara 與俄羅斯老公育有兩個小孩。
> Lara 一家人曾在不同國家工作與生活,現在落腳於杜
> 拜。在她家裡是四聲道,有中文、德文、俄文,偶爾
> 摺一下英文。而這一切的故事要從她就讀政大俄文系
> 開始。

獨立自主與國際移動力

因為接觸俄文,Lara 畢業後外派至俄羅斯工作,與
老公相遇,成為俄羅斯媳婦,也生了小孩並辭去工作,
前前後後旅居過莫斯科、北京、上海、臺灣等地。

2021 年年底,老公受獵頭挖角,一家人從臺灣搬回
莫斯科。沒想到三個月後爆發烏俄戰爭,俄羅斯受到各

國的經濟制裁，被切斷金融管道，當地公司紛紛轉往杜拜發展，老公也被派駐到杜拜。

每次的移動，Lara 都欣然接受事實。對她來說，當下的優先考量是孩子適應新學校的問題。為了了解杜拜家庭的生活方式和可能資源，她在行前就加入相關社群，建立社交圈，讓自己能快速適應。

由於持續經營國際教育平台「Lara 的多語繪本世界」，她知道經濟獨立很重要，所以不打算依附先生的工作簽證，選擇以「投資者簽證」（Investor Visa）去到杜拜。如此一來，不但能在當地有商業往來，也能開設銀行帳戶。

Lara 特別提到，每當要移動到新的國家，旁人的干擾比起繁瑣的簽證手續更令她困擾。過濾這些雜訊，才能面對新生活，停止行前焦慮和庸人自擾。心態開放，學習和不同國家的人相處才是最重要的。

從兒童教育到難民教育

來到杜拜新環境，Lara 開始思考創業方向。她曾做過八年的保養品代購，照理說這是最熟悉的選擇，但她

真正想經營的是難民教育。

　　Lara 曾投入 NGO，採訪敘利亞難民，與他們朝夕相處了兩年，記錄他們的故事。她遇見的難民，有的曾是月入百萬的大老闆，有的是第四代皮革老店店長，但是因為戰亂，從光鮮亮麗的人生一夕之間轉為種田或撿垃圾，過著困苦的生活。這段特別的經歷與強大的同理心促使她以難民教育為創業主軸。

　　2023 年，Lara 發起「小型學校支持計畫」（Small School Support Project, SSSP），專門幫助敘利亞兒童難民。她在敘利亞境內的多所小型學校，集結了師資、教材、教具、場地等學習資源，讓流離失所的孩子也能安心上學。

　　其中一所學校是在一位退休高中老師的家中客廳，其他幾所學校則位於有「死亡難民營」之稱的魯克邦難民營（Al-Rukban Camp）。魯克邦難民營位在敘利亞邊陲地帶，淨是一片荒蕪沙漠。由於該營區遭到政府軍控制，被迫與外界隔離，宛如露天地獄。Lara 想盡辦法突破防鎖線，將實際資源送進去，在沙漠裡教學，確保難民孩童受教育的權利。目前也成立台灣國際難民教育支持協會，致力於幫助全世界的難民兒童跳脫學習困境。

▲ 魯克邦難民營

從教育事業看世界

　　杜拜是個提供多元教育選擇的地方。相較於臺北有七間國際學校，杜拜居然多達二百所。雖然有近兩百所國際學校，但是缺乏一個平台串聯所有國際教育資訊。Lara 和另一位也深耕教育的朋友針對華語家庭市場建立平台，整合所有國際大學資訊，例如五年內孩子需要具備的能力、哪些國際大學有建教合作等，運用創業思維再創新生意。

　　杜拜因為是多元文化社會，在這裡創業可能接觸到一百多個國家的人，思想和生活都會因而更加多元。杜拜政府也持續推出新政策鼓勵創新，在這個城市會一直看到不同變化。

　　臺灣的教育其實百花齊放，有著各式各樣的實驗學校。Lara 很感嘆的是，雖然很多人很有想法，但整體思維始終圍繞在害怕失敗。從老闆到同事，從朋友到鄰居，大家都很保守，沒有人會跳出來鼓勵你去闖一闖，因為深怕一夕之間歸零，變得一無所有。**但是換個角度想，現在的你又擁有什麼呢？**疫情過後，很多人不知道明天會變得怎麼樣，不要有遺憾是 Lara 的唯一原則。

印度財務總監 Roger
──愈闖愈勇的寶萊塢式奇遇記

> 本科念財金所的 Roger 畢業後在臺灣的製造公司財
> 務部任職。曾外派到越南擔任臺幹,隨後又外派至印
> 度,從零到有建廠,當時還不到 40 歲的他所經手的投
> 資金額將近千萬美元。

突發事件讓功力愈練愈強

2016 年 11 月 8 日晚上八點,Roger 收到同事傳來政
府下令廢鈔的訊息。他以為對方在開玩笑,打開電視看
到總理在記者會上宣布:當晚十二點,500 盧比和 2,000
盧比的紙幣失效!那公司在保險庫裡的錢該怎麼辦?自
己手上的現金都不能用了,又該怎麼辦?他深深記得,
當天所有黃金店、手錶店都延長營業到十二點。

既然舊鈔作廢，只剩下兩個辦法：不是將手中舊鈔存入銀行帳戶，就是兌換成新版鈔票。那時大家搶著將手上現金存進銀行，所有分行大排長龍，但是他無法跟著排隊，因為那些隊伍都被有錢人收買。他只能選擇兌換新鈔，但是銀行的新鈔數量有限。他挨家挨戶向各間分行溝通，盡量湊足新鈔，同時將公司轉為電子支付，減少現金交易。

　　另一個突發事件是在疫情期間，州政府公告封城。這段期間所有商業活動停擺，公司訂單全數延宕，工廠員工也無法上工，包含計算薪酬的職員。但奇妙的是，州政府下令企業必須支付員工全薪。

　　為了照發薪水，Roger 請同事在警察較少的凌晨五、六點偷溜到公司計算薪水，算完後走沒有紅綠燈的小路回家，再用網銀付款。另外一提，州政府自己只付了百分之五十的薪水給員工……

軟土深掘的現實環境 vs.
寶萊塢電影的英雄情境

　　印度社會的階級意識根深柢固。某次，一間印度的

日商銀行來了一位新主管。到職當天，司機將這名主管送到公司門口，所有員工都在「迎接」他。此時，他做出一個舉動——打開後車廂，自己拿行李，此後所有人都對他不理不睬。因為在印度文化裡，拿行李是下屬該做的事。

一些新上任的外籍主管有時會對印度員工隨口說出「OK. Thank you. Sir」（好的，謝謝您），但是通常這麼一開口，被傳出去後就再也得不到尊重，因為「Sir」這個單字是用在下對上。Roger 自己也實驗了一番。某次他委託政府官員辦事，稱呼對方「Mr ○○」，事情完成後講了一句「Thank you. Sir」，結果對方開心到請 Roger 吃飯。因為他知道從那一刻起自己得到認同。

寶萊塢電影裡的男主角永遠戴著墨鏡，留著鬍子，用功夫解除萬難，一副很帥氣的模樣。印度社會就像電影劇情，當他認定你是主管，你比他厲害，他才會真心信服你，而且把你當成電影主角的英雄。

面試被反問：「你憑什麼？」

某次招募新同事時，發生一件令 Roger 印象深刻的

事。來應徵的是一位有會計專長的印度女生，她非常聰明，應答表現也很好，深得人心。最後，Roger 問對方有沒有什麼問題，這位印度女生以委婉的態度試探他：

「你不懂印度，你剛來印度。你沒有會計師執照，你英文也沒有我厲害，你憑什麼當我的主管？」

Roger 心想，這題要是答得不好，不但得不到這位人才，還會把自己搞得灰頭土臉。他停了一下，緩緩說道：「對，妳有的我都沒有，我有的妳也沒有。」Roger 又繼續說：

「我有跨國公司的經驗，我知道移轉定價的理論和實務怎麼做，妳不會。」
「我知道怎麼跟官員交涉，這個妳沒碰過。」
「我需要妳，未來妳加入我的團隊，我會讓妳看見妳從未看過的東西。」

這場精采的答辯讓兩人相談甚歡，這位印度女生後來成為 Roger 的左右手。

臺灣人從小就習慣聽師長的話，當個乖小孩照單全收，但是印度學校會教學生勇於發言。如果對主管不服氣，員工會反問「Why」（我為什麼要照你說的做），就連剛到職的新人也會反駁主管「I don't think so」（我並不認為），這在臺灣很少見。

　　Roger 認為，老闆之所以花錢雇用員工就是要他負責解決問題，然後回報。但很可惜的是，在臺灣的公司，大部分員工都是執行者，缺乏獨立思考和練習做決策的機會。外派人員必須做決策，同時負責執行。

　　對他來說，印度的工作經驗充滿驚喜。每天都有人不按牌理出牌，每天都有不同狀況發生，讓他得以持續學習與自我成長，鍛鍊出強大的危機處理能力。

國際超模施力仁

──模特兒→服裝設計師→視覺設計創業家

> 我和力仁是透過凱渥經紀人的介紹認識，不同於伸展臺上的高冷形象，私下的他非常謙虛有禮。我曾在 Club-house 節目與他深度對談，疫情過後再次和他聊聊，他已經成為跨國創業家，還在巴黎投資兩間房子。

從學費到生活費，全靠自己賺

力仁本來在實踐大學念服裝設計系，因為想去時尚代表的英國倫敦闖一闖，大二就不再去上課，專心打工存錢。他身兼四份打工，白天在麥當勞和星巴克上班，晚上在夜店工作到凌晨四點，隔天一早又繼續上工，其他時間還兼做車縫代工，一天平均工作十八小時，短短一年就存了四年的倫敦大學學費，進到國際藝術

人才輩出的中央聖馬丁藝術與設計學院（Central Saint Martins College of Art and Design, CSM）。

來到倫敦的第一件事，就是思考如何賺錢。他照著鏡子，告訴自己「我就是要靠臉蛋吃飯」，開啟了模特兒之路，邊求學邊工作。從不露臉的電商產品拍攝，到歐洲經典百年百貨的海報拍攝，他嘗試過所有模特兒工作。不論電商或實體，產品不斷推陳出新，加上亞洲面孔優勢，每天都有新品拍照需求。靠著對時尚的熱忱，加上選對市場，他拚命累積財富。

國外模特兒收入很誇張，例如時裝平面拍攝，工作兩、三天就可以一整年不用工作。積極一點的話，每年收入可達新臺幣700萬元，40歲就能退休。若朝精品超模發展，年薪更高達1,400萬元。力仁之所以在巴黎投資兩間房子，都是來自模特兒工作存下的錢。

從模特兒到創業家

大學畢業後，力仁面臨簽證問題。若要申請工作簽證，月收至少達到3,300英鎊。在2013年的當時，念時尚相關科系的人，基本薪資根本不可能達到這個門檻，

這是金融或其他高薪產業才有的薪水等級。為了留在倫敦，他運用備案能力，尋尋覓覓找尋工作機會。後來終於找到一間服飾公司願意給他符合簽證門檻的工資，但是必須在不加班的前提下完成 1.5 人份的工作量，讓他備感壓力。

　　為了逃離倫敦生不如死的工作環境，他來到巴黎，加入一家高端奢侈品牌集團御用的廣告設計公司，從設計助理做起。一年後成為女裝品牌的主要設計師（Head Design），第二年變成總監。職稱雖是總監，但沒有下屬，必須獨立作業，一個人完成所有任務，講難聽只是拿了總監名號的打雜工人。兩年過後，他又回到倫敦，在一間大型集團從事高端複合式行銷，客戶遍及飯店、餐廳、電玩等行業。

　　因為疫情，力仁辭職回臺灣休息。當時所有商業活動都力求線上化，他利用這個時機再結合海外累積的專業人脈網，邀請來自瑞典、印度、日本的工程師，創立網站設計公司。從打工到擔任總監和行銷，前前後後累積的實力磨練出創業思維，一年內完成了三十五個網站專案。公司業務也拓展得愈來愈廣，承接過知名美術館的海報與手冊設計、米其林餐廳的品牌視覺規畫。

拋開群體，認識自己，理解世界

力仁說自己其實是個沒自信的人。小時候近視八百多度、滿臉痘花，從小到大遭遇無數的霸凌，被嘲笑、扔石頭、作業被撕爛。你無法想像他曾被推進水溝，膝蓋上的傷疤到現在都還在。幸運的是，心理素質某個程度沒有扭曲。母親告訴他，遭受霸凌不是自己有問題，而是霸凌者無法面對與處理內心的問題，所以找出口發洩。也因為走過這些經歷，他鍛鍊出心理韌性。

現在的他非常珍惜自我提升的時間，每天會花二到三小時進修線上課程、學藝活動。亞洲國家工時太長，很少有自我探索的時間，下班後還是忙於公事，或者做大家都在做的事。但是歐洲的主管和同事下班後會不斷從事激發好奇心和創意思考的活動。

他的一位服裝設計主管退休後，因為對咖啡很感興趣，在巴黎開了複合式咖啡廳，除了賣咖啡外也是一間小型藝廊，協助新銳設計師開設展覽。如果每個人下班後都去學習新事物，便能將新領域結合本業，找出兩者的交集點，做出新品牌，如此就不容易被時代淘汰。

我們從出生就被原生家庭、學校教育、社會文化的框架所限制，導致無法接受與自己觀點或經驗不同的事物，阻礙個人的成長。力仁在工作中接觸過很多領域，從紅酒、飯店、汽車、電玩、餐廳、咖啡店到藝廊，多元接觸讓他理解這個世界的許多樣貌。

　　改變需要拋開群體壓力，獨立思考。不受他人意見的干擾，自己萃取需要的資訊。力仁在20到30歲這段充滿變動的生活中體會到苦澀與甜美是相伴的，所以從不畏懼改變。對他來說，唯有心態開放且持續試驗才能開心地與自己相處。

英國水電師傅王建智
——工地臨時工→公家醫療體系電氣經理

> 水電家庭出身的王建智原本在臺灣的大型營造公司擔
> 任電氣工程師。雖然磨練出精進的技藝，卻也見到產
> 業的另個面向 —— 前進方向受到先進占山為王，無法
> 升遷。與其打卡位戰，他抱持著**開放心態**，離開臺灣
> 去外面的世界挑戰。

餐廳或精品，我選擇扛水泥

建智先是以打工度假簽證去到英國。完全不會英文
的他，出國前只準備兩個月的生活費與四週的語言學校
學費。

當時正值疫情，完全沒有任何工作機會。他不斷思
考著備案，身為一個英文講不好又沒沒無聞的外國人，

要找到好工作自然難上加難。既然自己的專業是水電，就該想辦法在這個基礎上發展。雖然在英國沒有相關證照，但工地至少和這項技能比較有關。他立刻聯繫工地仲介，三天內得到第一份工作：工地臨時工。

回想起第一天上班，他直呼緊張，到了工作地點還被警衛攔在門口。他告訴自己：「你飛越大半地球來到這裡，這就是你的第一步！」第一天穿著螢光背心掃垃圾，依照工頭指令搬水泥，就這樣做了一週。第二週則是第二份臨時工，負責搬磚，工作內容枯燥乏味。

用聊天保住工作

臨時工通常一週過後就解約，工作非常不穩定。建智心想至少先打入工人的圈圈，後續才可能得到業界相關工作機會。為了破圈，他每天用破英文和工頭聊天，分享自己在臺灣施工的照片。他的主動積極和自動自發打動了兩份工作的工頭。他帶著工頭為他寫的工作推薦信，向仲介表示自己的專業是專案管理和水電工技術，終於找到一份三個月的「長工」——在 NHS 醫院擔任電工助理。

在英國，水電、瓦斯、油漆等各項技術都需要個別的證照，不像臺灣是一個證照統包多樣服務。建智當時在英國沒有證照，必須在監工或有照者的帶領下工作，因此他做了一個影響未來的重大決策——將身上僅剩的1,000英鎊全部用來考取英國電工證照。

好景不常，雖然拿到證照，三個月過去，他又再度失業。走投無路的他在社群發了一則貼文分享自己的所長，沒想到成為提供專業水電服務的契機。這則貼文至今仍持續為他帶來新客源。

台灣人在英國 Taiwanese in UK （台英交流） ···
Chien-Chih Wang · Oct 22, 2021 ·

嗨大家，我是建智，來到 #倫敦 期間受這個群組幫助許多，也想貢獻自己在 #水電 領域的所學。
我現在在 NHS 的醫院裡任職合格電工，持有英國 City and guilds level 3 certificate 及英國其他相關證照，並持續考照及升等中。
過去一年裡也受託造訪無數客戶家中，協助更換或維修插座、燈具、水龍頭及馬桶或漏水沒電等等水電相關問題（相關照片可以在所附 IG 帳號中瀏覽）
過去在台灣時，即持有水、電技術士執照以及工程管理品管證照。加上合計 8 年以上的水電經驗，分別是 3 年以上水電公司的水電師傅及 5 年營造公司的機電工程師。
發佈我的資訊除了綜合台英兩地學經歷我確定自己能夠協助處理相關問題，也是希望能從中認識並幫助更多台灣朋友 😊
有任何水電相關問題都歡迎大家加入我的 What's app

▲ 建智的社群發文

英國酒吧文化

　　語言是溝通的基石，為了鍛鍊自己的英文口語能力，建智每個月會學四百個單字，保持這個習慣長達三年。他會在住家附近的酒吧頻繁曝光，陌生開發客源。我好奇問道：「那你怎麼開發的？總不能一進酒吧就開口問電話幾號吧？」他分享自己在英國酒吧的聊天 SOP 與技巧。

　　首先在吧檯點一杯酒，鎖定有三五好友的一桌，在一旁聽聽他們說什麼，藉機回話：

　　「你剛剛講的那個還滿有趣的，可不可以多告訴我一點？抱歉，我可能打擾到你，等一下請你喝一杯。」

　　（Sorry, I overheard the conversation and I think it's interesting. Can I get you a drink? I am very curious about the topic, would you share more?）

　　如果這麼告訴英國人，他們會願意分享更多。除了天氣開場白外，足球、旅遊、通膨都是很好下手的話題。此外，大家通常上了一整天的班，不會想談工作，

千萬不要問對方名字。

這樣的聊天方式能讓英國人保有隱私，使對話持續下去。他們暢談完後，適當稱讚對方的分享很棒，再藉機探聽工作，並且簡單自我介紹。

從工人變管理職

後來建智得到一份六個月的「長工」，在 NHS 體系下專門維護醫療基礎設施的 Essentia 集團擔任水電工。他的主管是一位老伯伯，屆臨退休，又有很多文書作業要處理。某天主管問道：「你會用電腦嗎？」這句話開啟了他的升遷之路。

在主管的刻板印象裡，工人應該不會用電腦，所以非常意外他會使用文書處理軟體。建智因為同時擁有專業技術與文書能力，得到主管賞識。主管退休前，邀請他接替自己的位置，還為他申請技術工人簽證，解決簽證問題。

成為主管接班人的建智從工人晉升為管理職，工作範疇擴展至報價、項目規畫、客戶管理、工程監控，也要發揮領導力和協調力，化解下屬與醫護間的摩擦，在

施工現場與辦公室間扮演橋梁的角色。

　　建智認為愈早失敗，成功機率愈高。拓展國際視野對個人成長非常重要。接觸不同的文化、價值觀、經濟體，讓他每天都有新想法。自我實現的途徑並不限於出國，**關鍵是不滿足於現狀的精神**。他的下個目標是前往慈善基金會，回饋社會，做出貢獻。

結語 Conclusion

在這個變動時代，每個人都有自己的困擾，每個人都努力思索著解方。求職者想突破薪資天花板，探索轉職或斜槓的可能；企業主則苦於缺工問題，重新擬定人才策略。商戰 CXO 執行長許景泰分享自己的公司藉由照顧員工需求來降低離職率和重新培育人才的成本。在他的團隊裡，有人是網紅身分，有人是家教老師，也有家庭照顧者。

但是，如果你的工作就是難以突破薪資困境，所屬企業也沒有加薪空間，或是無法立即跟上趨勢，讓自己轉型，又或是你仍然感到迷惘，找不到方向，那又該怎麼辦呢

一直以來都是從事祕書工作的琳（化名）曾任職上市櫃公司，兩年下來月薪永遠是 3 萬塊，後來透過朋友

邀請進到扶輪社擔任執行祕書。不同於企業內部祕書，扶輪祕書需要籌備各種大型活動，例如柬埔寨公益服務計畫、一年一度的扶輪公益路跑，多樣嘗試讓她不斷接受新知，建立起成長型思維。她的工作能力被其他扶輪社社長看見，很快的又獲得他社的執祕工作，也陸續兼任祕書協會講師、中華民國專業祕書暨行政人員協會副理事長，月薪來到 7 萬元，突破原本的收入瓶頸。

資管系畢業的 Lulu（化名）曾經做過十八種工作，包括外送員、圖書館員工、行政助理、精品門市銷售人員、軟體業務、海產店店員、房仲、汽車業務、廣告業務、行政、自由作家、電商客服等等，但似乎都不是自己真正想要的。直到某次錄取代理老師的工作，她發現自己完全變了一個人。她用心準備教學內容，從熬夜追劇變得勤奮好學，從夜貓子變成早睡早起，從經常遲到變成提早到校備課。與教職的相遇，讓她重拾熱忱，徹底改變了生活。

職涯沒有絕對正確的解答。你可以善用大公司的規模和資源參與大型專案，也可以加入新創公司，用創意思考跳脫框架。遵循他人的道路，不見得是真正適合自己的解方。我有幾位個案覺得公司組織很無聊，想參考

YouTuber 或 TikToker 的職涯，透過經營自媒體獲利，但嘗試之後發現待在體制才能滿足自己想要的成就感。

你可以選擇安逸的工作生活，也可以選擇不停冒險的旅程，**最重要的是將選擇權緊緊握在手中，沒有人可以輕易影響你**。不畏懼他人眼光，專注描繪自己的生涯地圖，才能找到最擅長的路。

後記 Epilogue

英國老奶奶的故事

我在英國寄宿家庭的 Home 媽是一位老奶奶。1929年出生的她今年已經95歲。

她說以前家裡重男輕女，20歲就離家出走，身上只帶了5英鎊。當時二戰剛結束，醫療資源缺乏，身無分文的她去到德國當護理師學徒。後來雖然找到人生伴侶，最後卻以離婚收場。接下來將近半百的歲月裡，她一個人在德國從事醫護工作直到退休。

當她再次回到英國時已經70歲。雖然膝下無子，但是生活過得無比精采。週一學畫畫，週二當志工，週三去長照中心煮飯，週四有人到家裡幫她整理頭髮，其他日子隨心所欲，自由安排。

我在寄宿期間，一放學回家就會坐在餐桌前和她聊天。某次老師要大家思考高中畢業後念什麼科系、出社會後做什麼工作。我提到父母希望我畢業後回臺灣從事貿易工作，也會按照他們的安排。老奶奶卻對我說：

　　「如果妳都能一個人來英國念書，妳一定可以為自己的未來做決定。」（Sandy, if you can come here to study independently, I don't see any problem with you managing your own decision.）

　　「但是我爸媽希望……」（But my parents want me to do...）

　　「每個人都有自己的想法，但最重要的是選擇妳想做的事。」（Everyone has their own thoughts, but focusing on what you want to do is important.）

　　「不去試怎麼知道呢！」（If you don't try, you'll never know.）

　　老奶奶堅定的話語打動了我。我真正的想法是，光有中英文能力不夠，所以選大學科系時，我毅然決然念了日文系。後來我前往日本工作，每年還是定期回去探望老奶奶。無論和她分享什麼，她永遠微微笑對我說：

　　「妳看吧！只要專心做妳想做的事，妳就可以做得很好！」（See! Focus on what you do, then you can do it well.）

限制，是自己給自己的

現實是殘酷的，當你選擇不變，就沒有太多選擇。有些人想加薪，但薪水是老闆決定的，我們無法改變遊戲規則，只能換個選項去達成想要的目標。

我想分享我的簡報師朋友孝揚的故事。他本來在公司擔任活動策畫，因為對簡報很有熱忱，希望自己有朝一日成為專職簡報師。但旁人常對他冷嘲熱諷：「你靠這個真的可以存活下來嗎？」他也漸漸被說服，認為這是個不切實際的目標，專心回到職場賽道。

但是，他無法壓抑投入簡報工作的想法，決定嘗試接案，找出這條路的答案。在摸索過程中邊做邊修正，他領悟到不是所有事情都有答案，**答案需要被創造出來**。最終，他找到自己的商業模式，正式離職，成立簡報工作室。

孝揚很有感觸地說，要找到適合自己的路，真的只能不斷嘗試。市場上有很多跟上趨勢的工作等著我們去探索，例如居家整理師、遺物整理師、剪輯師、動畫師、插花師、視覺記錄師、個人形象管理師等，理解工作種類也有助於梳理出新想法。

終身學習，來自踏上每條未知的路

身為獵頭，最重要的任務是和人建立連結，所以第一印象很重要。每當我去見客戶，一定會穿上正裝，但私下就以輕便（邋遢）為主。後來因為出書開始接到直播邀請，才勉強自己去上形象管理課。

第一天上課，我穿了一身奇怪配色的衣服去到教室，周圍同學都不敢和我搭話。後來慢慢了解色彩學、衣服材質、身形修飾技巧、各種場合如何穿出相應氣質，我才真正學會形象管理。

每條路上都會有不一樣的發現，就像我無意中學習形象管理一樣。無論工作環境或社交圈，長時間處在固定環境，就會習慣現有模式，不主動跨出舒適圈，嘗試新生活。有些人有創業的想法，但是害怕改變；有人想轉換跑道，卻擔心未來的不確定性。

從發現自我價值到自我實現

書中的英國水電師傅建智進到醫院工作後，積極投入公益活動。

某次，醫院為了宣導公益，舉辦高空垂降活動，員工和康復者紛紛前來響應，建智也是其中一人。這個體驗帶給他很大的啟發，原來每個人的小小力量能堆疊出更大的社會影響力，讓他萌生未來創立基金會的想法。儘管實現這個夢想仍有一段路，他慢慢朝著目標前進，因為他知道這是建立自我價值的方式。

　　我自己是透過國際扶輪社的偏鄉教育活動，在兩所偏鄉小學進行職業分享，讓資源不足的學童認識更多就業型態，目前持續了三年。

　　很多人會說「妳看起來很忙」、「妳看起來很閒」，不管別人怎麼說，**最重要的是回歸初衷，相信自己，做堅持的事**。我們在網路上看到的只是短暫的片刻，不代表一個人的人生。專心去做自己堅持的事，才能帶來更多故事。

　　最後，我要感謝書中每一位受訪的朋友，抽出時間分享觀點和故事。不論具名或匿名，謝謝你們的參與和信任，才能讓這些故事分享給更多人，開啟更多的人生可能性。

參考資料 References

專書、報告

（2019）Sandy Su（蘇盈如）《2030轉職地圖：成為未來10年不被淘汰的國際人才》遠流

（2020）Charles Conn, Robert McLean. 'Six problem-solving mindsets for very uncertain times'. *McKinsey Quarterly*

（2022）國家發展委員會《中華民國人口推估（2022年至2070年）》國家發展委員會

（2023）Annamarya Scaccia et al. *Talent Acquisition Trends 2024*. Korn Ferry

（2023）Attilio Di Battista et al. *The Future of Jobs Report 2023*. World Economic Forum

網頁

'Environmental & Social Footprint'. Patagonia. Retrieved from http://patagonia.com/our-footprint (Feb 25, 2024)

（2019）「特定技能ガイドブック」出入国在留管理庁 Retrieved from https://moj.go.jp/content/001326468.pdf (Feb 25, 2024)

（2019）〈職業安全衛生法第22條〉全國法規資料庫　檢自 https://law.moj.gov.tw/LawClass/LawSingle.aspx?pcode=N0060001&flno=22 (Feb 25, 2024)

（2022）'Trends Of Developing Headhunting Services In Vietnam'. Talentnet. Retrieved from https://talentnet.vn/featured-insights/trends-developing-headhunters-in-vietnam (Feb 25, 2024)

（2022）「副業・兼業の促進に関するガイドライン」厚生労働省　Retrieved from https://mhlw.go.jp/file/06-Seisakujouhou-11200000-Roudoukijunkyoku/0000192844.pdf (Feb 25, 2024)

（2023）James Chalmers, Nadja Picard. *Global Investor*

Survey 2023. PwC. Retrieved from https://pwc.com/gx/en/issues/c-suite-insights/global-investor-survey.html (Feb 25, 2024)

（2023）'The most competitive job markets in the world'. Resume.io. Retrieved from https://resume.io/blog/the-most-competitive-job-markets-in-the-world (Feb 25, 2024)

（2023）「上市櫃公司永續發展行動方案（2023年）」金管會檢自 https://dsp.tpex.org.tw/storage/co_download/ 金管會上市櫃公司永續發展行動方案 .pdf (Feb 25, 2024)

（2024）ととのえ「【2024年最新】副業可能な会社一覧」totolabo　Retrieved from https://totonoesan.com/fukugyo-ok-company (Feb 25, 2024)

CHANGING！轉型地圖：
在變動時代創造新選擇
Creating your own transformation map

作者	Sandy Su（蘇盈如）
主編	陳子逸
設計	大梨設計
校對	魏秋綢

發行人	王榮文
出版發行	遠流出版事業股份有限公司
	104 臺北市中山北路一段11號13樓
	電話／(02) 2571-0297
	傳真／(02) 2571-0197
	劃撥／0189456-1
著作權顧問	蕭雄淋律師

初版一刷	2024年5月1日
定價	新臺幣400元
ISBN	978-626-361-576-2

www.ylib.com
Email: ylib@ylib.com

國家圖書館出版品預行編目（CIP）資料

CHANGING！轉型地圖：在變動時代創造新選擇
Sandy Su（蘇盈如）著
初版；臺北市；遠流出版事業股份有限公司；2024.05
256面；14.8×21公分
ISBN：978-626-361-576-2（平裝）

---

1. 就業　2. 生涯規畫　3. 職場成功法

542.77　　　　　　　　　　　　　　　113003829